DES HOMMES QUI LISENT

Édouard Philippe

DES HOMMES QUI LISENT

JC Lattès

Maquette de couverture : Fabrice Petithuguenin

ISBN : 978-2-7096-6143-0

© 2017, éditions Jean-Claude Lattès.
Première édition juillet 2017.

Pour Patrick Philippe, mon père.

1.

L'Enfer

Au commencement était l'Enfer.

J'allais avoir six ans. J'entrais au Cours préparatoire, à la Grande École. Le lieu et le moment où l'on apprend à lire. Mes parents, tous deux professeurs de français, n'avaient pas fait en sorte que je devance l'appel : je ne savais pas lire en entrant au CP, et je n'avais aucune année d'avance. Je comprendrai plus tard qu'ils étaient aussi déterminés à ce que je réussisse par l'école que soucieux de ne pas faire peser une pression trop forte sur les épaules de leur fils.

Mais tout de même, en cette année où j'allais entrer dans la communauté de ceux qui lisent, il fallait marquer le coup. Jamais à court d'actes symboliques parfaitement incompréhensibles – à mes yeux tout du moins –, mon père, dès que je sus déchiffrer quelques mots, me convoqua à sa table de travail et me demanda, sur le ton du défi, de lire la page d'un livre qu'il avait ouvert. À l'époque, il avait trente ans. Il était cultivé, malade et passionné par l'éducation. Et il aimait déjà Dante.

C'était la première page de l'Enfer, le premier chant, celui qui commence « à la moitié du chemin de notre vie ». Il va sans dire que j'ai ânonné sans comprendre les vers de Dante. Peut-être me suis-je agacé de cet exercice curieux. Peut-être même me suis-je mis en colère, alors que j'étais si fier de commencer à lire. Petit garçon, je n'aimais pas admettre mes limites. J'ai toujours du mal d'ailleurs. Ce dont je me souviens parfaitement, en revanche, c'est de la très grande satisfaction de mon père, de son sourire, un sourire si doux, et du soin avec lequel il inscrivit, à l'encre, en haut de la page, mon nom, la date, et l'indication que ce texte était le premier que je lisais.

Mon entrée dans la lecture a ainsi été datée, comme s'il s'agissait d'une forme d'acte officiel. Né en 1970, entré en lecture en 1976, bachelier en 1988.

L'Enfer

Entré en lecture, mais pas encore amoureux des livres. On peut être baptisé à la naissance et ne jamais avoir la foi. Lire exige d'abord un apprentissage puis un déclic d'une autre nature, qui demeure bien souvent un mystère. L'expliquer me semble vain. Comment expliquer l'amour ? On peut s'en souvenir ou l'espérer, on peut en favoriser l'apparition ou constater ses échecs sans doute, mais il n'y a pas là une équation dont la résolution serait certaine.

J'ai lu bien des livres avant de me rendre compte que j'aimais lire. Il faut dire qu'à la fin des années 70 déjà – le mouvement s'est encore amplifié depuis –, les parents initiaient de plus en plus tôt leurs enfants aux livres : livres en laine, qui ressemblaient à des jouets et sonnaient comme des hochets, livres en plastique, que l'on mettait dans le bain des tout-petits.

Le livre était sacré chez mes parents. L'éducation très libérale et décontractée que je recevais interdisait de mentir, de dire du mal de ses professeurs, de faire trop de bruit et de laisser traîner des livres (ou pire de les mettre « sur la tranche », ce qui les abîme, ce qui ne se fait pas). Pour le reste, je faisais à peu près ce que je voulais. Aussi longtemps que le carnet de notes était bon, l'essentiel était acquis. J'ai donc grandi avec des livres. Avec d'autant plus de livres qu'il n'y avait pas la télé. Beaucoup de livres, beaucoup de liberté, beaucoup de discussions familiales, mais pas de télé. Tenir les enfants loin de la nourrice médiatique et de l'abrutissement qu'elle peut provoquer constituait un objectif pédagogique. C'était à la fois frustrant, lorsque mes copains passaient l'heure du déjeuner à la cantine à se raconter le film de la veille, et totalement indifférent : j'avais plus de temps pour jouer et pour lire, et tout allait très bien. Et puis on trouve toujours un copain qui a une télé quand la Coupe du monde de football ou Roland-Garros commencent à vous fasciner...

Je savais lire. J'étais entouré de livres. Je lisais. Mais je n'étais pas encore amoureux.

Sartre constatait, dans un mélange curieux de reconnaissance et de dépit, avoir été programmé par sa famille et son milieu pour être un homme de « mots ». Nourrissant peut-être le complexe de l'intellectuel dont l'engagement demeure souvent assez immatériel, il notait qu'aucun livre ne faisait le poids face aux malheurs du monde. Sartre n'aimait pas son enfance. Moi j'ai aimé la mienne. Mais comme Sartre, et comme un très grand nombre de lecteurs, j'ai sans doute été programmé. Je ne m'en plains pas, bien au contraire. J'essaie de faire la même chose avec mes enfants. Et je me réjouis d'être tombé amoureux de la lecture, même si le rendez-vous était arrangé. Après tout, cela aurait pu rater.

Enfant, nous avons tous un livre préféré. Pour certains, c'est le *Capitaine Fracasse* de Théophile Gautier. Pour d'autres *Les Trois Mousquetaires*, *Vingt mille lieues sous les mers*, *L'Île au Trésor* ou *Harry Potter*. C'est un polar ou une bande dessinée. C'est un magazine pour adolescents ou un manga. Il n'y a pas de fausse porte, aucune mauvaise entrée « en lecture », pas de façon plus noble qu'une autre de commencer à lire et d'y prendre plaisir le plus tôt possible. Il va de soi que cela ne se décrète pas.

Pour moi, c'est Sparte qui a tout déclenché.

Une histoire d'amour qui commence par l'Enfer et qui s'épanouit à cause de Sparte est une curieuse histoire, mais les voies du Livre sont, paraît-il, impénétrables.

J'avais un peu plus de dix ans. Je vivais à Grand-Quevilly, près de Rouen, dans la ville où Laurent Fabius avait commencé quelques années plus tôt son implantation politique.

Mon père était principal du collège Jean-Texcier. Il avait pendant une bonne dizaine d'années enseigné le français dans des lycées professionnels et, pour des raisons que je ne m'explique pas complètement, avait décidé, au cours de l'année 1980, de devenir chef d'établissement scolaire. En 1981, il avait voté Mitterrand, et sa vie avait changé, sans que ces deux événements ne soient liés en aucune façon.

Tous les mercredis matin, mon père et moi allions à la bibliothèque municipale. Nous marchions ensemble une bonne vingtaine de minutes. Mon père parlait peu, mais moi j'étais bavard. Ça compensait. Je lui racontais mes lectures, je l'interrogeais sur le monde, je développais des théories que j'avais cru comprendre dans des livres ou que j'inventais avec un aplomb qui m'a sans aucun doute servi lorsque je suis devenu avocat et qu'il a fallu plaider. Dans les souvenirs d'enfant que je conserve de mon père, il y a ces marches, vers les livres de la bibliothèque municipale à Grand-Quevilly, ou vers le Furet du Nord à Lille, ou vers la librairie-Maison de la presse de Grasse. Partir vers les livres avec lui et discuter, d'homme à homme, enfin d'homme à enfant, puis revenir, les bras chargés, car les livres constituaient une exception notable dans la gestion parcimonieuse du budget de la famille : il suffisait de demander pour qu'ils soient achetés.

L'Enfer

Une fois arrivés à la bibliothèque, le rituel était immuable : mon père se dirigeait vers les rayons où des livres incompréhensibles étaient proposés à l'attention du public adulte (philosophie, littérature, histoire de l'art…), et moi je fonçais vers mon terrain à moi : les rayons BD et les livres pour enfants. J'ai dû emprunter, au cours des quatre ou cinq années que nous avons vécues là-bas, plus d'une centaine de livres. Je ne me souviens que d'un seul d'entre eux, mais je m'en souviens parfaitement. C'est lui qui a provoqué l'étincelle : *Va dire à Sparte* de Roderick Milton.

C'est d'abord le nom de l'auteur qui m'avait frappé. Roderick Milton, un nom incroyable, un nom de héros ! L'Amérique à portée de main… Je me souviens de la couverture, des Grecs en armes, luttant le genou au sol, une image d'héroïsme, d'aventure, de courage où quelques soldats, face à un ennemi bien plus nombreux, perdaient tout en gagnant. Je me souviens de ce message : « Va dire à Sparte », comme si la seule chose qui comptait, plus que la victoire, était l'honneur. Comme si l'Histoire était le seul juge. Je me souviens encore avec précision dans quel rayon j'ai trouvé ce livre. Sans doute la bibliothèque a-t-elle changé depuis, mais si ce n'est pas le cas, il me semble que je pourrais retrouver le livre exactement à l'endroit où je l'ai posé. Le titre, l'illustration, le résumé en quatrième de couverture, ont dû tomber en terrain fertile et parler immédiatement à mon imagination d'enfant assoiffée d'aventures et d'histoires héroïques.

Comme beaucoup de petits garçons, je voulais échapper aux pirates avec Jim Hawkins, traverser la Sibérie avec Michel Strogoff et construire des cabanes avec Robinson Crusoé. Rien d'original là-dedans, mais il était logique que j'en vienne, un jour, à rencontrer Léonidas et à me sacrifier à ses côtés en défendant les Thermopyles...

Mes parents voulaient que j'aime lire. Ils m'ont rarement conseillé des lectures, bien plus rarement que ce qu'on pourrait imaginer de parents professeurs de lettres. J'avais le choix des livres, mais la lecture en revanche n'était pas négociable.

Depuis Sparte, j'aime lire et je peux dire que je suis le produit des livres que j'ai lus.

Évidemment, et fort heureusement, la lecture n'est pas le seul matériau de construction d'un homme. Il y aurait quelque chose de redoutable à n'être que le produit de ses lectures, à se couper du monde sensible, de ses expériences, de ses contraintes pour ne les appréhender que par l'intermédiaire des livres. Jouer est sans doute aussi

important pour un enfant que lire. Aussi forma-
teur et structurant. Aussi épanouissant et nécessaire. Jouer, travailler, aimer, faire du sport, aider
ne sont ni moins agréables ni moins importants
que lire.

Mais lorsque je regarde ma bibliothèque, où se
sont accumulés tous les livres que j'ai achetés ou que
l'on m'a offerts depuis le début de mes études, je
vois ce que j'ai appris et une bonne partie de ce que
j'aime. Il n'en manque quasiment aucun, car jamais
je ne les prête ni ne les jette. Tous ces livres, toutes
ces heures passées à accumuler des connaissances,
à découvrir des histoires et des époques et des
milieux, à oublier tout le reste, à vibrer ou à m'indi-
gner, à passer le temps parfois, à jubiler aussi m'ont
construit. Des romans, des essais, des manuels, des
bandes dessinées, le tout mélangé, mûri ou oublié,
redécouvert et discuté. Le vrai miroir d'un lecteur
est sa bibliothèque. On y retrouve, en un instant,
tout son esprit et toute son âme. On voit déjà dans
la manière dont les volumes s'enchevêtrent ou, au
contraire, s'alignent, l'ordre (ou le joyeux désordre)
qui gouverne une vie intérieure. De même que, dit-
on, on revoit défiler tout le film de sa vie à la dernière heure, de même chacun peut revoir presque
toute la sienne en un coup d'œil. Une bibliothèque
est comme le « lieu de mémoire » de notre existence.

Elle nous chuchote d'anciennes joies, murmure encore nos lacunes et trahit des promesses de lecture non tenues. Elle nous offre le réconfort permanent de merveilleux souvenirs que l'on pourrait reproduire.

Anatole France parlait, à propos de la bibliothèque d'un vieux savant, d'une « Cité des livres ». Il y a tout dans cette formule, à la fois l'image des livres comme des édifices qui nous bâtissent autant de mondes qu'il y a de combinaisons possibles entre leurs pages, mais surtout cette idée que la lecture construit une « cité », au sens fort, antique du terme, une communauté de citoyens formée autour d'une communion partagée, la lecture.

La « Cité des livres ». Derrière cette expression, il y a une autre idée essentielle, c'est que la lecture n'est pas seulement une question individuelle. Elle est un objet collectif, et fait légitimement partie des sujets de politiques publiques.

Faire en sorte qu'une population sache lire est un objectif politique qui demande des moyens, du temps, une volonté politique et une action publique déterminées. La démocratisation de l'école, consubstantielle en France à l'enracinement républicain, a eu pour premier objectif pédagogique l'apprentissage de la lecture (de l'écriture et du calcul). La multiplication du nombre de bibliothèques municipales au cours du XXe siècle suffit à rendre compte de l'effort public consenti pour équiper notre pays de lieux dédiés à la lecture. Un pays comme le nôtre, dans lequel un président de la République pesa de toute son autorité pour porter à son terme le projet d'une très grande bibliothèque qui porte désormais son nom, a hissé depuis longtemps la lecture et le livre au rang de politiques publiques. Un pays comme le nôtre, qui a inventé le prix unique du livre pour préserver, autant que possible, les métiers qui vivent de la lecture sait mobiliser intelligence et moyens autour de cette politique. Un pays comme le nôtre, qui a préservé une grande diversité de points de vente, de bibliothèques municipales et qui, grâce aux miracles de la technologie moderne, permet à n'importe quel lecteur d'acquérir ou de consulter presque n'importe quel livre rapidement est un paradis pour le lecteur.

Jamais sans doute le lecteur n'aura été aussi heureux. Même si les avancées de l'économie numérique remettent en cause le modèle plus traditionnel du livre papier, même si les acteurs du monde français des livres sont bousculés par l'arrivée de nouveaux intervenants, le lecteur, lui, est comblé : jamais autant de livres n'ont été publiés, jamais ils n'ont été aussi peu chers ni aussi accessibles.

Alors pourquoi, dans ces conditions, se lancer dans une politique de la lecture ? Il y a sans aucun doute beaucoup de champs de l'action publique où les résultats sont plus mauvais, les besoins plus grands et les moyens plus attendus. La lutte contre le chômage, contre la pauvreté, le combat contre la désocialisation et la radicalisation de couches entières de notre pays, la résistance au décrochage collectif et individuel que redoutent tant de nos concitoyens, la lutte contre les dérèglements climatiques qui vont bouleverser notre façon de vivre, la conception (et surtout la réalisation) des réformes indispensables au rebond de notre pays sont, chacun, des objectifs qui pourraient à juste titre sembler plus urgents et plus déterminants encore que la lecture publique. Ils le sont à bien des égards.

Mais l'urgence n'invalide pas le long terme. Ces défis ne sont, en rien, incompatibles avec la mise en place d'une politique de la lecture, et on peut sans doute imaginer, en se gardant d'un angélisme aussi séduisant que trompeur, qu'il est préférable pour les relever de pouvoir s'appuyer sur un peuple de lecteurs.

L'Enfer

Je suis tellement pénétré par cette conviction que lorsque je suis devenu maire du Havre, en 2010, une de mes premières annonces a été consacrée à la nécessité de lancer une politique ambitieuse de promotion de la lecture.

Parce que rien ne remplacera jamais la lecture dans l'accumulation et la diffusion du savoir humain ; parce que dans une ville comme Le Havre, où la situation sanitaire et sociale est, depuis toujours, marquée par plus de difficultés qu'ailleurs, où l'échec scolaire reste plus fréquent en dépit des efforts considérables engagés par les équipes pédagogiques et par les collectivités territoriales, où le chômage demeure, depuis 1980, supérieur à la moyenne nationale, il faut toujours revenir à l'essentiel. Et l'essentiel, à mon sens, est la lecture. La lecture comme moyen de se construire, de s'élever, de se former, de découvrir, d'échanger et de réussir.

C'est parce qu'au Havre le sentiment d'urgence sociale est plus fort qu'ailleurs qu'il m'a paru nécessaire d'y engager une politique longue, embrassant la lecture dans tous ses aspects.

Et peut-être aussi que derrière cette raison de fond, qui résulte d'une analyse et d'un choix politiques, il y avait une part bien plus personnelle et plus subjective. Peut-être, au plus profond de moi, y avait-il le sentiment que je devais quelque chose à la lecture. Que si j'avais été un bon élève, c'est parce que j'avais aimé lire, et que si j'avais réussi mes examens et mes concours, c'est parce que j'avais aimé lire, et que si je me retrouvais en situation de concevoir et de mettre en œuvre des politiques publiques, c'est parce que j'avais aimé lire. Et qu'au fond, consacrer de l'énergie et des moyens à faire en sorte que d'autres aiment lire, et lisent, et lisent encore était une façon de boucler une boucle.

Et peut-être enfin que dans cette relation aux livres, il y a plus qu'une simple relation aux livres. Car si les hommes relient les livres, avec du fil et du papier d'abord, puis maintenant avec l'aide de machines, il m'apparaît de plus en plus nettement que les livres relient aussi les hommes. Derrière ce qui ressemble à une formule, il y a une réalité, particulièrement évidente dans mon histoire familiale, dans ma vie. Dans ma relation avec mon père, bien sûr, mais aussi dans le parcours de mon grand-père, dans la vie de ceux qui m'entourent et qui comptent pour moi.

Ce livre est le produit de tout cela.

Il n'est pas un exercice d'érudition. J'aime lire, je lis beaucoup plus que certains et bien moins que d'autres, je ne prétends à rien en la matière, et si tel était le cas, le simple souvenir du regard sévère de mon père ou de ses soliloques cultivés suffirait à doucher ces prétentions. Plus j'avance dans ma vie, et dans mes lectures, plus je me désole, souvent avec consternation, parfois avec délectation, de ce que je n'ai pas encore lu, de ce qui me reste à lire et de ce que je ne lirai probablement jamais.

Ce livre est le roman d'une famille marquée par les livres, le récit d'une relation entre un père et son fils, un essai sur une politique municipale, mais avant tout, il est une plaidoirie pour la lecture.

2.

Les faux-monnayeurs

Choisir un nom est un sujet sérieux. Qu'il s'agisse du nom de ses enfants, ou, pour un auteur, du nom de ses personnages, le choix est rarement simple et jamais neutre.

Pour un auteur, choisir le nom de ses héros, c'est avoir déjà écrit une partie de l'histoire. Pour le lecteur, c'est le récit qui prend corps. Athos, Porthos, Aramis : on entend des rires tonitruants et des épées qui s'entrechoquent. Et le style de Céline, violent, chaotique et révolté, ne pouvait tolérer que des noms comme Bardamu ou Henrouille.

Mon nom de famille est un prénom. Philippe. Je ne sais pas d'où il vient.

J'ai longtemps pensé que je ne saurais jamais qui était le premier Philippe, et pourquoi il s'appelait Philippe, et comment il était arrivé au Havre.

C'était sans compter sur les rencontres étonnantes que l'on fait lorsqu'on est maire. C'était sans compter sur la patience, la minutie et l'étonnante gentillesse d'une association de passionnés, le Groupement Généalogique du Havre et de Seine-Maritime, qui, après être venus m'expliquer les délices de la recherche généalogique et leur désir d'organiser une manifestation d'importance nationale au Havre, ont entrepris, pour me convaincre, de remonter les branches de mon arbre généalogique.

Voilà comment j'ai appris que mes ancêtres s'installèrent au Havre au début du XVIIIᵉ siècle, en provenance de Pont-Audemer. Ce n'est qu'à quarante kilomètres, certes, mais sur l'autre rive de la Seine, c'est-à-dire « de l'autre côté de l'eau » comme on dit toujours ici. Au Havre, ils furent tour à tour menuisiers, charpentiers et dockers. On connaît leur profession, et rien d'autre. Mais c'est toute l'histoire du peuple. Des Grands on a gardé les Mémoires, les Lettres et les Chroniques, dont le Peuple n'était que la toile de fond indifférenciée. Les Philippe : une famille d'une banalité exemplaire qui vit la fin de l'Ancien Régime, traverse la Révolution et l'Empire, et s'embarque dans les soutes de la révolution industrielle.

Les éléments les plus documentés commencent tout de même avec un personnage. Louis Philippe. Pas le roi des Français, non, mon arrière-grand-père. Docker et donc, cela va de soi, membre de la CGT. C'est d'ailleurs toujours le cas. Non pas que mon arrière-grand-père, paix à son âme, soit toujours vivant et membre du syndicat ; mais que l'on soit naturellement docker ET cégétiste. Sa carte d'adhérent de l'année 1939 au syndicat des dockers figure en bonne place sur mon bureau à la mairie du Havre. Elle surprend parfois.

Louis était déjà porteur, paraît-il, d'un gène propre à la famille Philippe, celui qui rend compliquée la communication directe entre un père et son fils. Autrement dit, mon grand-père ne savait pas grand-chose de lui, et ce qu'il savait, il ne l'a pas dit à son propre fils. Autant dire que mes connaissances sont parcellaires... Je ne peux que supposer que les livres n'étaient pas absents de sa vie. Les syndicats étaient des lieux d'instruction et de promotion sociale, et la culture était un formidable enjeu politique et un terrain où la concurrence avec les sociétés de lecture inspirées par l'Église était féroce.

Louis avait un fils, Charles, mon grand-père.

Et Charles, qui ne fut jamais un intellectuel, eut une histoire étonnante avec les livres. Une histoire qui commence en 1936, par une rencontre improbable sur un terrain de golf, qui se poursuit dans un sanatorium et dans une chambre de bonne. Une histoire de père et de fils et de caisses de livres. Une histoire qui me vaut mon prénom, et dont les rôles principaux sont tenus par deux bourgeois protestants et normands, le premier écrivain et le second collectionneur de tableaux.

Il faut se souvenir qu'avant-guerre, avant la destruction complète du port et de la ville en 1944, Le Havre était une cité dense, populaire, industrieuse, où l'activité portuaire incessante faisait battre le cœur de la ville. Le Havre était alors connu mondialement, non pas comme aujourd'hui pour son trafic de conteneurs, mais comme port de départ des grandes lignes transatlantiques et comme centre de négoce des produits « coloniaux ». De grandes maisons de négociants havrais, souvent fondées par des familles d'origine alsacienne ou suisse, avaient établi leur prospérité, et celle de la ville, grâce au commerce des « 3 C » : le café, le coton et le cacao.

Édouard Senn était un de ceux dont la famille négociait le coton. Il était riche, très riche, d'une rigueur et d'une probité protestantes, très protestantes. Il tenait son prénom de son grand-père, né en 1828 à Genève. Et parce que le négoce et l'austérité ne font pas une vie, enfin pas toute une vie, Édouard jouait au golf et, comme son père avant lui et comme sa fille après lui, il achetait des tableaux. Il aimait la peinture. Il aimait collectionner. Et de l'avis général, il avait l'œil.

Et c'est d'ailleurs un œil qui a tout permis. L'œil vif d'un jeune homme, Charles Philippe, mon grand-père, donc. Il avait seize ans à peine, travaillait sur le port pendant la semaine et comme caddy-ramasseur de balles le dimanche, histoire d'arrondir les fins de semaine : on n'était pas payé au mois, à l'époque. Charles avait l'œil, lui aussi, et il était capable de repérer les balles de golf. Il les retrouvait toutes, n'en perdait aucune, et même s'il avait arrêté l'école au « certif », il était malin, comptait vite et parlait bien. Bref, il était un bon caddy. C'est ainsi que sur le golf du Havre, Édouard Senn, trente-cinq ans à l'époque et Charles Philippe, seize ans, se rencontrèrent. Ils venaient de deux mondes qui n'avaient pas vocation à se croiser, et encore moins à se fréquenter. Et de fait, ils n'étaient pas amis. Mais Senn avait à l'évidence de la sympathie pour son caddy.

Arrivent deux fléaux majeurs du xxᵉ siècle : la guerre et la tuberculose.

Juste avant la première, Charles contracte la seconde. Entre 1939 et 1944, le monde se préoccupera beaucoup plus de la guerre que de la tuberculose de Charles, mais pour le jeune homme, la tuberculose aura eu au fond beaucoup plus d'importance que la guerre. C'est quelque chose la tuberculose dans les années 40. On en meurt facilement, et la combattre, c'est s'exposer à de longues opérations, au cours desquelles un pneumothorax provoqué vous décollait la plèvre... Je me souviens, enfant, des cicatrices monstrueuses qu'il arborait sur le torse et qui me laissaient penser que même s'il ne s'était pas battu contre les Allemands, sa bataille à lui avait dû être sérieuse. Même pendant la guerre, lorsqu'on était tuberculeux, donc contagieux, il fallait rester loin, en altitude, à la lumière, au soleil, dans un sanatorium. Quand on pouvait se le permettre, car le traitement était long, et cher.

Il n'y avait aucune chance pour que le jeune Philippe puisse bénéficier d'un tel traitement. Mais Édouard Senn le connaissait, l'aimait bien et, pendant toute la durée de la guerre, il fit en sorte que les soins puissent être payés. Il fit plus encore : il voulait que son jeune caddy ne perde pas complètement son temps. À intervalles réguliers, Édouard Senn faisait donc envoyer, dans le sanatorium des

Alpes, des caisses de livres afin que Charles profite de sa maladie pour lire et pour se cultiver. Pour voyager. Pour se nourrir. Pour tenir. Je n'ai jamais su quels étaient ces livres. Je ne peux qu'imaginer qu'il y avait des classiques, de ceux qu'il faut avoir lus : Dumas, Hugo. Très certainement Hugo, que mon grand-père adorait et qu'il aimait citer. Des romans qui avaient du succès dans l'entre-deux-guerres, ceux de Paul Bourget ou de Pierre Benoit, la littérature populaire, celle des Maurice Leblanc, Gaston Leroux ou Max du Veuzit. Qu'est-il resté des livres que mon grand-père a lus pendant son séjour forcé dans les Alpes ? Une révérence pour les études qu'il n'avait pas faites, et qu'il aurait peut-être aimé suivre ; un goût prononcé pour Hugo qu'il connaissait si bien et qu'il évoquait souvent avec moi ; une relation tranquille aux livres aussi. Charles Philippe ne s'est pas transformé en intellectuel en lisant les livres que lui envoyait Édouard Senn, mais ses deux fils sont devenus des lecteurs assidus et exigeants, et si lui lisait peu, il respectait les livres et ceux qui les aimaient. Et ce n'était déjà pas si mal.

En 1944, Charles fut déclaré guéri. Il rentra au Havre, à pied, en traversant une France qu'il ne connaissait pas, meurtrie par l'Occupation et les combats de la Libération.

Lorsqu'il arriva, fin septembre, il n'y avait plus rien. La ville avait été rasée en trente-six heures par deux vagues de bombardement au cours desquelles il tomba plus de bombes sur Le Havre qu'il n'en tomba sur Londres pendant tout le Blitz. Rentrer chez soi et constater qu'il n'y a plus rien. Charles conservera toute sa vie une dent contre les Anglais qu'il soupçonnait d'avoir délibérément détruit le port qui avait, au cours des siècles précédents, tant fait concurrence à Liverpool sur le marché du coton... Le port détruit, cela voulait dire aussi un avenir incertain pour un fils de dockers ayant arrêté ses études à quatorze ans et dont la santé fragile limitait les perspectives professionnelles.

Seule certitude, l'admiration et la fidélité sans failles qu'il vouait désormais à celui qui lui avait permis de survivre et de lire. Pour un fils d'ouvrier cette allégeance à un patron n'allait pas de soi et fut sans doute compliquée à vivre. « Collaboration de classe » est encore un gros mot dans certains milieux de nos jours, alors je vous laisse imaginer ce qu'il en était dans l'immédiat après-guerre. S'il est une profession qui adhérait à un syndicalisme de combat, d'ailleurs explicable par la précarité et la dureté des conditions de travail avant le statut de 1947, c'était bien celle de docker. Il ne paraît pas, d'ailleurs, que la combativité de la corporation se soit affaiblie depuis... Incertitude professionnelle ? Reconnaissance ? Toujours est-il que Charles se maria en 1945, parce qu'il fallait vivre, entra au service d'Édouard Senn, parce qu'il fallait manger, et intégra une des entreprises de négoce de coton que celui-ci possédait. Il était coursier et, parfois, chauffeur.

En 1946, Charles et sa femme, Paulette, vont être parents. C'est évidemment merveilleux, sauf qu'ils vivent au Havre. Et au Havre, en 1946, il n'y a plus rien. Dès lors qu'on n'a pas la chance de vivre dans un des rares quartiers épargnés, on loge dans des caves, ou dans des baraques provisoires construites par les militaires américains, ou parfois dans la forêt. Une fois encore Édouard Senn fait preuve d'une générosité étonnante, en proposant au jeune couple de profiter d'une chambre de bonne située au-dessus de l'appartement dans lequel Édouard vit à Paris, avenue Foch. C'est là que Paulette mettra au monde, à sa grande surprise parce qu'en 1946 on ne pouvait pas le prévoir, des jumeaux, dont mon père. « Ne bougez pas madame, il y en a un autre » est devenu une phrase mythique dans la famille. Mon père la prononçait avec un ton mêlant l'ironie et la consternation dès qu'une nouvelle ambiguë marquait la vie du monde qui nous entourait.

Les années passèrent. Charles mena sa carrière professionnelle au sein de l'entreprise d'Édouard Senn et en gravit tous les échelons pour finir par la diriger. Sans instruction, il avait voyagé partout dans le monde où on cultivait du coton, en Afrique bien sûr, dans le sud des États-Unis un peu et dans les républiques soviétiques d'Asie centrale, dont il revint avec un anticommunisme dont nul n'a jamais su s'il était dû à ce qu'il y avait vu ou à la rupture symbolique d'avec son père. La vénération de Charles pour Édouard Senn n'était pas feinte. Un portrait du Patron trônait dans l'entrée de l'appartement du quai de Southampton où Charles, sa femme et ses quatre enfants vivaient, et une rouste soignée était promise à quiconque aurait eu l'idée incongrue de critiquer le grand homme.

On peut imaginer que dans l'esprit de Charles, son premier petit-fils devait absolument s'appeler Édouard. Comme M. Senn.

Sauf que… Sauf que Charles avait avec son fils, mon père, et conformément à la tradition familiale, des relations difficiles. Et choisir un prénom ne revient pas au grand-père.

Difficile d'imaginer plus dissemblable que Charles et ses fils jumeaux. Ma grand-mère, qui n'était pas exactement d'un naturel bienveillant, a toujours soutenu que même à sa pire ennemie, elle ne souhaitait pas des jumeaux. Patrick, mon père, et Jean-Charles, mon oncle, aussi similaires qu'on peut l'imaginer de jumeaux monozygotes. Deux frères que l'on prenait l'un pour l'autre jusqu'à leurs trente ans, qui ne terminaient pas leurs phrases puisque l'autre la comprenait immédiatement, qui partageaient la même chambre et le même lit et la même vie jusqu'à ce qu'ils commencent leurs études supérieures. Et deux frères qui se construisaient dans l'identité gémellaire et contre celle de leur père.

Choisir un nom est toujours un sujet sérieux. Au moment où mon père commençait à échapper, par son mariage et par le début de sa vie professionnelle, à l'attraction puissante de son double et à l'opposition au moins aussi puissante de son père, choisir le prénom de son fils était une chose sérieuse et délicate. Je dis sans doute, parce qu'évidemment je reconstruis a posteriori. Ce n'est pas comme si le gène Philippe dont j'ai déjà parlé nous avait épargnés, mon père et moi.

C'est à ce stade qu'intervient l'autre bourgeois normand et protestant de cette histoire : André Gide.

André Gide, qui connaissait peut-être la famille Senn, avait créé un Édouard, l'oncle Édouard, celui des *Faux-monnayeurs*.

Curieux personnage que cet Édouard. Curieux choix de héros pour nommer son fils. Quel roman et quelle construction avec ses intrigues multiples, superposées, enchevêtrées et ses trois personnages principaux tour à tour narrateurs. Roman en miroir, fait pour dérouter le lecteur, et dont la trame se confond parfois avec celle du roman qu'écrit l'oncle Édouard. Roman politique aussi, même s'il parle de tout sauf de politique, parce que sa construction évoque immanquablement pour moi les entrelacs de conspirations, de stratégies partisanes, de coups à trois bandes et de fausses trappes. Je me souviens avoir lu ce livre un dimanche matin, dans le lit de ma chambre d'étudiant à Paris, rue Berzélius, près de la Porte de Clichy. D'une traite. Je n'ai pas pu me lever avant de l'avoir terminé. Je me souviens m'être dit qu'il ouvrait des possibilités infinies en ce qu'il permettait à un roman de ne pas être simplement une histoire, ou une histoire servant de prétexte à une thèse, mais quelque chose d'autre qui ressemblerait à une œuvre d'art, à une sculpture ou à un concept construit en soi et fait pour être admiré sous toutes les perspectives et de tous les côtés.

Et je me suis dit que, tout compte fait, on avait bien fait de m'appeler Édouard. Et de concilier, de cette façon, l'admiration due à un ouvrage inclassable et confondant, l'imposante figure de son frère, qui serait mon oncle et qui n'était pas sans lien avec cet Édouard-là et le souvenir de celui qui avait aidé, et sans doute sauvé, mon grand-père.

Je l'ai échappé belle, parce que dans la longue liste des prénoms gidiens, j'aurais pu tomber beaucoup plus mal : Albéric ? Ça passe. Mais Lafcadio ? Corydon ?

Devenu maire du Havre, j'ai moi aussi rencontré Édouard Senn. Après sa mort.

Édouard avait été, comme son père, Olivier, un formidable collectionneur des peintres de son temps. Sa fille Hélène l'est également. Ils étaient fidèles au Havre et très proches d'Antoine Rufenacht, mon prédécesseur, maire du Havre entre 1995 et 2010. En 2004, Hélène offrit au MuMa, le Musée d'art moderne André Malraux, la collection exceptionnelle qu'avait rassemblée son grand-père Olivier Senn, le père d'Édouard. Le jour de l'inauguration, je présentais mon père et mon oncle à Hélène. Elle était enfant en 1946, mais n'avait pas oublié la naissance des jumeaux, juste au-dessus de chez elle, dans la chambre de bonne de l'appartement de l'avenue Foch. En 2009, Hélène Senn fit don de la collection de son père puis, en 2015, ce fut Pierre-Maurice, cousin d'Hélène, qui fit don, à sa mort, de la partie de la collection d'Olivier Senn qu'il possédait.

Quatre-vingts ans après la rencontre entre Édouard Senn et Charles Philippe, après des vies distinctes, vécues dans des époques et des milieux et des circonstances différents, je reste fasciné par le lien construit entre ces deux hommes. J'ai entendu mon grand-père raconter plusieurs fois l'histoire de sa rencontre avec Édouard Senn ; il insistait toujours sur les caisses de livres. Pour Charles, les livres représentaient plus que les autres gestes de générosité matérielle dont Senn le faisait profiter. Tout le reste traduisait l'attention (extrême, touchante et incroyable) d'un grand bourgeois pour un jeune homme qu'il connaissait et qu'il aimait bien. Les caisses de livres voulaient dire autre chose. Elles voulaient dire qu'il y aurait un après la maladie, et qu'il fallait se cultiver, pas seulement pour tenir le coup mais pour s'élever.

3.

Lire à gauche

À dix-huit ans, j'étais de gauche, et ça me semblait relever du bon sens.

Ce n'était pas vraiment original. Ce qui est, un peu, original, c'est qu'un homme de droite, un maire, un député admette et même assume avoir été à gauche. Dans l'autre camp. Chez l'ennemi, diront certains dans mon parti, non sans y voir comme le signe d'une erreur de jeunesse qui laisserait je ne sais quelle séquelle indélébile. Je ne leur en veux pas. Le sectarisme est, de loin, la chose la mieux partagée au sein des partis politiques. De tous les partis politiques. Même les centristes peuvent surprendre de ce point de vue.

Pourquoi donc étais-je de gauche ?

Mais, à vrai dire, pourquoi pas ?

J'avais grandi plutôt à gauche. Aucun membre de ma famille proche n'était politiquement ou syndicalement engagé. Mais quand on grandit dans les années 70 et 80 entre Rouen et Le Havre, avec des parents professeurs dans l'enseignement public, on est immergé dans un milieu où le socialisme était solidement implanté, où la vie politique était toujours et passionnément discutée. Je me souviens du 10 mai 1981, lorsque l'écran s'est lentement rempli de l'image de François Mitterrand. Il devait y avoir une vingtaine de personnes dans le salon où je me trouvais. J'avais dix ans, et tous les amis de mes parents avaient hurlé de joie. Je ne me souviens pas que les miens aient hurlé. Ce n'était pas le genre de mon père, et au moins aussi peu celui de ma mère. Mais je sais qu'ils étaient heureux et qu'ils avaient voté pour Mitterrand. Et moi j'étais petit, je ne comprenais pas grand-chose, mais ça m'intéressait.

Il m'arrive parfois de comparer ce souvenir avec celui de mes amis. Parfois ils me racontent la consternation, l'inquiétude, la sidération qui régnaient chez eux. Je la comprends, rétrospectivement, même si avec le recul, elle paraît tout de même savoureusement exagérée. Mais, le 10 mai, j'avais dix ans et j'avais l'impression d'être dans le camp des vainqueurs, dans le camp de la générosité, de l'enthousiasme et de la justice. De la modernité peut-être aussi, puisque les seuls gens de droite que je connaissais étaient mes grands-parents maternels, que j'adorais et que je vénère encore, mais qui ressemblaient quand même jusqu'à la caricature à la bourgeoisie lilloise chrétienne-démocrate-conservatrice. Même à dix ans, je le sentais. C'est dire.

J'étais un produit de mon âge, de mon milieu et de mon époque, ce qui n'est ni glorieux, ni infamant. Être jeune, c'est évidemment être plus généreux, plus enthousiaste, plus sensible aux injustices, plus contestataire aussi d'un ordre établi qui, par définition, l'a été par les générations antérieures. Être jeune, c'est aussi être assez partisan des idées simples et des solutions qui font peu de cas de la complexité des choses, des situations et du monde. Et la jeunesse, enfin, pourtant si naturellement contestataire, si portée à célébrer la différence, la liberté de penser, d'inventer, de créer et d'innover, est en même temps incroyablement moutonnière et conformiste. Un gamin un peu différent dans une cour de récréation le constate assez vite. Observer les jeux auxquels les adolescents jouent, les vêtements qu'ils portent, les musiques qu'ils écoutent, les produits qu'ils consomment, c'est immanquablement faire le constat de ce qu'ils sont, massivement, semblables.

Alors évidemment, toute la jeunesse n'est pas de gauche ! Loin s'en faut ! Elle réfuterait sans doute l'idée d'avoir à se classer dans un échiquier politique qui la consterne de plus en plus. Mais depuis 1945, la « jeunesse » est devenue une catégorie sociale en soi et elle a longtemps majoritairement adhéré, lorsqu'elle s'engageait, aux valeurs de gauche qui lui permettaient d'exprimer à la fois sa générosité et ses bons sentiments, ses envies de changement voire de révolte, et tout cela sans trop de témérité intellectuelle puisque ces valeurs n'étaient pas, ou si peu, contestées. Pouvoir s'affirmer rebelle en défendant les valeurs dominantes aura été la chance et le grand confort de la gauche pendant une quarantaine d'années. Et le mien pendant quelques années.

Dominantes, c'est peu de le dire.

La Révolution française, c'était la gauche. La République, que la droite avait mis si longtemps à accepter, c'était la gauche. La démocratie, les droits de l'Homme, les progrès sociaux, tout cela c'était la gauche. Bon, le Goulag aussi ; mais on y voyait plutôt une sorte de déviation scandaleuse et quasi incompréhensible, une trahison des idéaux les plus élevés par un individu, Staline, qui se comportait quand même vraiment comme un type de droite. Et d'ailleurs, lorsqu'on mentionnait les excès tout de même problématiques de la Russie soviétique et des pays d'Europe de l'Est d'avant la chute du Mur, il se trouvait toujours un jeune plein d'enthousiasme et de références, moi souvent, pour expliquer que le Chili et l'Afrique du Sud, c'était pas la joie, et c'était pas non plus la gauche.

Même la Résistance et la Collaboration, au mépris de toute exactitude historique, étaient appréhendées au travers de cette grille de lecture qui n'épargnait que la figure, assez inclassable après tout, du général de Gaulle. Bref, tout ce qui avait été positif dans l'Histoire relevait de la gauche ; et s'y ajoutait, depuis 1968, tout ce qui était « sympa », « cool » et hédoniste. Pendant que la droite s'accrochait au primat de l'économie, au réalisme pragmatique et à l'efficacité gouvernementale, la gauche, même quand elle était dans l'opposition, régnait sans partage sur les valeurs. Comme le disaient à leurs façons, quand même assez différentes, Jacques Julliard et Coluche, être de droite ne signifiait pas grand-chose d'autre que de n'être pas de gauche.

Tout cela peut sembler d'une très grande naïveté aujourd'hui. C'était sans doute naïf à l'époque, mais être un peu naïf à l'adolescence ne me choque pas. Mitterrand présidait. Il entamait son deuxième mandat. Il était populaire, notamment dans la jeunesse, qui l'appelait Tonton, sans savoir qu'il avait du monde, des hommes et des amitiés une vision à la fois plus complexe, moins manichéenne, plus cynique et assez radicalement éloignée de la pureté idéologique rêvée de la gauche française.

J'étais de gauche, mais je n'étais pas de la gauche contestataire, celle qui descendait dans la rue pour protester contre la loi Devaquet. Je voulais bien changer la société, il y avait (déjà) à la fois urgence et matière, mais je ne pensais pas à l'époque qu'il faille pour cela prendre le Palais d'Hiver et du passé faire table rase. Même si l'adolescent féru d'histoire se passionnait pour les révolutions, celle de 1789 ou celle de 1917, je sentais bien qu'il y avait une différence entre savoir comment s'était passée une révolution, en connaître les fondements, les péripéties, les embardées, les drames, et la vivre. Je n'ai jamais pensé être un révolutionnaire parce que j'aimais les livres sur les révolutions.

De fait, mes lectures m'ont, d'abord, progressivement confirmé dans mon ancrage.

Quand on naît dans un milieu plutôt de gauche mais assez réfractaire au marxisme et qu'on se cherche des modèles et des représentations, il y a Jaurès, bien sûr. Une figure incontestable qui n'a pas eu à choisir son camp au moment du Congrès de Tours et que revendiquent donc aussi bien les socialistes que les communistes. Un révolutionnaire, sans doute, mais qui ne prônait pas la destruction de la propriété privée et pour qui les libertés individuelles et les droits de l'Homme comptaient et n'étaient pas à mépriser comme étant des « libertés bourgeoises ». Un pacifiste, bien sûr, et il en est mort ; mais qui n'aurait pas sacrifié la nation, qu'il voulait « armée », à l'obtention de la paix à tout prix. Jaurès, je le rencontrais dans mes lectures, inévitablement, mais cette grande figure tutélaire du socialisme ne m'a jamais séduit. Je ne me l'explique pas. Pas assez contemporain, ou trop consensuel, ou trop théoricien. Ou alors c'était la barbe, qui faisait trop XIXe siècle. De fait, ceux de mes camarades qui étaient de gauche citaient peu Jaurès. C'était Trotski ou Che Guevara pour les uns – Mao était en train de passer de mode –, Blum et Mendès pour les autres.

Léon Blum, Pierre Mendès France. J'avais toujours été fasciné par les grands hommes et les personnages célèbres et je dévorais des biographies. Je rencontrais ces deux-là grâce à Jean Lacouture.

Jean Lacouture, c'était un journaliste comme l'immédiat après-guerre en a tant produit. C'est-à-dire un homme de plume, un spectateur engagé, venu comme tant d'autres à la gauche par l'anti-colonialisme, dont il partagera les enthousiasmes et les aveuglements. Un cadet de Gascogne flamboyant, aimant les grands espaces, les conquérants et les rebelles, l'opéra, le rugby, la tauromachie et les hommes qui font l'Histoire, d'Ho Chi Minh à Nasser, Kennedy et Kissinger. Un formidable biographe enfin.

Je me suis plongé avec délectation, en première et en terminale, dans les biographies remarquables qu'il a écrites de Blum et de Mendès. Deux figures tutélaires pour la gauche. Deux personnages fascinants d'intelligence et emblématiques de ce qu'on pourrait appeler la « morale en politique ». La gauche croit assez fermement qu'elle a le monopole de cette morale comme on sait, n'est-ce pas, qu'elle détient celui du cœur. Le paradoxe de la gauche française est qu'elle n'a cessé de se réclamer d'un Blum ou d'un Mendès pour affirmer ce monopole sans vraiment s'en inspirer ; son drame est d'avoir été refondée par Mitterrand, homme de sinuosités et d'ambiguïtés et moderne incarnation du Prince florentin.

J'ai aimé Blum et Mendès comme on aime des personnages de roman, comme on aime des hommes qui, par la lecture d'une biographie vivante et détaillée, critique parfois mais bienveillante toujours, deviennent sinon des amis mais en tout cas des figures qui comptent. Des modèles. Les premiers en politique (si on fait abstraction d'Alexandre le Grand pour qui j'ai toujours eu une solide fascination, ce qui nous ramène, presque, mais presque seulement, à Sparte...).

La veille de mes examens, que ce soit mon bac de français ou mon bac, ou ensuite le concours de Sciences Po (je l'ai raté de peu la première fois et réussi d'encore plus juste la deuxième) je lisais un ou deux chapitres du Blum ou du Mendès. Et je trouvais, dans les parcours et les hésitations de ces deux personnages, une forme de confirmation que mon engagement politique était à gauche, du côté de la liberté intellectuelle, de la justice sociale et du progrès. Mendès et Blum, deux juristes, deux bons élèves, venus à la gauche par la pensée plus que par prédestination sociale, deux républicains convaincus, deux patriotes aussi, deux destins marqués par la guerre et les procès iniques mis en scène par Vichy, deux formes d'esthétisme en politique.

Mendès et Blum, grâce à Lacouture. Et en face ? Personne. Non pas, évidemment, qu'il n'y ait eu aucune figure à droite susceptible de jouer le même rôle à mes yeux, mais je ne me souviens pas avoir lu de biographies, ou rencontré, jusqu'à mes vingt ans, ces figures-là.

Je lisais des livres d'histoire, des biographies, des essais, des romans et, inconsciemment, je n'allais pas au contact de ceux qui auraient pu me plaire mais qui n'entraient pas forcément dans la bonne catégorie. Lacouture, en 1988-1989, avait déjà publié sa biographie de Charles de Gaulle. J'aurais pu la lire ! Mais non. Pétain ou Laval (qu'une remarquable biographie de Fred Kupferman m'avait fait découvrir) oui, et je savais pourquoi je ne les aimais pas, mais ni Clemenceau (qui pourtant avait commencé bien à gauche, pour finir bien à droite, même si cette simplification d'une vie politique lui aurait sans doute fait horreur), ni de Gaulle, ni Mandel, ni personne.

On peut penser de façon hémiplégique. On peut aussi lire de façon hémiplégique. Et chercher à se conforter en lisant plutôt qu'à se mettre en cause.

J'avais dix-huit ans, j'entrais à Sciences Po, j'étais de gauche parce que je voyais mal comment j'aurais pu ne pas l'être compte tenu de ce que j'étais et de ce que je lisais.

Il se trouve en outre qu'à l'époque, Michel Rocard venait d'être nommé Premier ministre. Rocard, qui avait su démissionner du gouvernement trois ans avant pour protester contre l'instauration, à des fins politiciennes, du mode de scrutin proportionnel pour les élections législatives. Rocard, l'antitotalitaire, que les communistes et la « vraie gauche » ne supportaient pas ; Rocard, l'anti-idéologue, qui croyait vraiment à l' « ouverture » là où Mitterrand n'imaginait que des débauchages calculés ; Rocard le réconciliateur, qui s'apprêtait à rétablir la paix en Nouvelle-Calédonie ; Rocard le réformateur qui allait créer le RMI et la CSG ; Rocard le visionnaire qui, le premier, était déjà convaincu de l'absolue nécessité de réformer notre régime des retraites ; Rocard le pragmatique et le réaliste qui avait le courage d'affirmer, alors que les questions d'immigration commençaient à être ins-trumentalisées de tous côtés, que « nous ne pou-vions accueillir toute la misère du monde ». Oui, il l'a bien dit comme cela. On dit souvent qu'il y avait une seconde partie à cette phrase : « Mais nous devons en prendre notre part », mais il ne l'a dite que bien après, en pensant au droit d'asile, ce en quoi il avait parfaitement raison. Rocard donc, qui savait traduire en action ces deux expressions bien connues de Mendès France : « Parler vrai » et « Gouverner, c'est choisir ».

J'étais de gauche, j'aimais Rocard, je voulais m'engager, j'entrais donc, fringant comme un jeune homme, au Parti socialiste. Là où je travaillais. Enfin, là où j'étudiais. C'est-à-dire à Sciences Po.

Des hommes qui lisent

On pourrait écrire un livre sur ce qu'était la section du Parti socialiste de Sciences Po en 1990. Des étudiants passionnés, ambitieux, parfois prêts à tout pour se faire remarquer, qui venaient « militer » pour rencontrer des ministres, obtenir un job chez tel ou tel parlementaire en espérant décrocher, le moment venu, une investiture. Il y en avait même qui étaient sincères ! Le plus savoureux n'était pas là. Le plus extraordinaire, c'était l'organisation en chapelles, et la tension qui régnait entre elles : les fabiusiens détestaient les rocardiens, qui le leur rendaient bien, les jospinistes essayaient d'exister, les gardiens de la vraie gauche (déjà) faisaient du bruit autour de Mélenchon ou de Poperen. Tout le monde s'observait, se critiquait et plaçait de nouvelles cartes pour s'assurer le contrôle de la section. C'était Byzance au petit pied. Admirable pour qui aurait voulu écrire une comédie acide, mais assez pathétique sur le fond.

En deux ans, j'ai découvert un peu de la culture interne du Parti et de la Gauche ; je m'y suis fait peu d'amis, mais ils le sont restés ; et j'en suis parti, écœuré par les conditions de l'éviction de Michel Rocard du gouvernement en 1991 et par les manœuvres d'appareil.

Pendant ces deux années, un livre m'avait suivi, et travaillé. J'avais dû le lire dans le cadre de ma scolarité, comme des générations d'étudiants en sciences politiques, et il m'avait marqué. Publié en 1946, *La Politique des partis sous la Troisième République* de François Goguel était presque devenu un manuel. La grande particularité du livre était qu'il n'opposait pas la droite et la gauche, termes sans doute trop peu signifiants et trop homogènes pour la réalité des alliances et des diversités qu'il englobait, mais le parti de l'ordre et le parti du mouvement. Pour tenir compte de l'évolution et de l'éclatement des structures politiques au cours des soixante-dix années du régime, l'analyse reposait sur cette opposition, qui fut durable et assez stable. Et même si la gauche et la droite revendiquaient bien souvent le monopole du mouvement pour la première et de l'ordre pour la seconde, on constatait, dans bien des cas, que les lignes de fracture étaient plus floues que les lignes partisanes ; que la gauche avait pu choisir (et choisirait encore) l'ordre alors que la droite pouvait incarner le mouvement.

Ordre et mouvement. Conservatisme et réformisme. Et s'il fallait poser les termes de son équation politique personnelle en termes de contenu plutôt qu'en termes d'appartenance partisane ? Et si, pour se faire un avis, il fallait lire un peu au-delà de sa zone de confort ?

4.

Lire de gauche à droite

La Fontaine avait raison et Bismarck avait tort.

S'interroger sur la primaire de la droite et du centre de 2016, sur ses résultats en tout cas, c'est faire le constat que la littérature est parfois plus fine à expliquer la politique que les meilleurs stratèges.

Toute l'histoire de la primaire de la droite pourrait être contée au travers des *Fables choisies, mises en vers par M. de La Fontaine*, publiées il y a trois cent cinquante ans, entre 1668 et 1694.

Il peut arriver que les livres entrent dans votre vie par un chemin détourné. Mon père aimait les *Fables*, qu'il tenait pour un exemple de maîtrise parfaite de la langue française. Il aimait les faire apprendre à mes enfants pour qu'ils en récitent une ou deux à Noël. Étant son fils, je les ai donc superbement ignorées pendant des années. Jusqu'à ce que je les découvre grâce à Fabrice Luchini. J'avais aimé ses lectures de Céline. Et j'ai donc regardé, avec distance, puis avec fascination, ces textes inclassables, entre poésie (Pompidou en cite quelques-unes dans sa magnifique *Anthologie de la poésie française*) et nouvelle, qui traitent de politique et de morale.

Si de vos souvenirs de primaire (l'école, pas l'élection), il ne vous reste de La Fontaine que l'image d'un aimable auteur de fables pour enfants, vous vous trompez. La Fontaine est un auteur éminemment politique. Toute la politique tient dans les *Fables*. Il les a écrites pour cela. *Je me sers d'animaux pour instruire les hommes* écrit-il dans la dédicace au Dauphin (on goûtera l'ironie) d'un de ses recueils. Tout responsable politique et toute personne amenée à prendre des décisions comprennent immédiatement la morale de la fable intitulée « Conseil tenu par les Rats » :

Ne faut-il que délibérer,
La cour en conseillers foisonne ;
Est-il besoin d'exécuter,
L'on ne rencontre plus personne.

Et quant à ces citoyens qui, nous disent certaines enquêtes, commenceraient à se lasser de la démocratie et accepteraient sans trop de réticences un État autoritaire, je les engage à relire d'urgence « Les Grenouilles qui demandent un Roi »...

Pour la primaire de la droite, certaines fables étaient riches d'enseignements pouvant s'appliquer à tous les candidats : *Rien ne sert de courir ; il faut partir à point.* (« Le Lièvre et la Tortue ») ; il y a celles qui semblent avoir été écrites pour un candidat en particulier comme... « Le Petit Poisson et le Pêcheur », mais qui pouvaient en concerner d'autres si on se souvient que *Petit poisson deviendra grand ; Pourvu que Dieu lui prête vie* ; sans parler bien sûr de « La Grenouille qui se veut faire aussi grosse que le Bœuf », image que des esprits mal intentionnés auraient volontiers appliquée à certains candidats. En tout cas, au sein de l'équipe d'Alain Juppé, et malgré des sondages que n'importe qui aurait enviés, nous nous efforcions de rester sereins et concentrés, nous nous refusions à *Vendre la peau de l'ours qu'on ne l'ait mis par terre* (« L'Ours et les Deux Compagnons ») et nous nous en tenions soigneusement au *Aide-toi, le Ciel t'aidera*, dernier vers du « Chartier embourbé » (« Chartier » n'ayant rien à voir, faut-il le préciser, avec le député du Val-d'Oise alors porte-parole de

François Fillon, mais étant l'orthographe ancienne de « charretier »…).

Le dénouement de l'histoire est connu.

Il est celui du « Chat, la Belette, et le Petit Lapin ». Les deux favoris de la primaire, obnubilés par leur rivalité, en oublièrent le danger et le matou Fillon :

Jetant des deux côtés la griffe en même temps,
Mit les plaideurs d'accord en croquant l'un et l'autre.

Ou mieux, et c'est celui que j'avais en tête le soir des résultats du premier tour, celui des « Voleurs et l'Âne » :

Tandis que coups de poing trottaient,
Et que nos champions songeaient à se défendre,
Arrive un troisième Larron
Qui s'appelait… François Fillon

Le dernier vers n'est pas de La Fontaine… mais les trois premiers sont éternels, et offrent un démenti savoureux à la thèse bismarckienne selon laquelle « dans un jeu à trois, il faut être un des deux ».

Et en même temps, reconnaissons-le, ce raisonnement est un peu court.

Pourquoi Alain Juppé a-t-il perdu ?

Pourquoi après avoir été donné vainqueur pendant 115 des 116 semaines qu'aura duré cette campagne, a-t-il été dépassé par un autre, que personne n'avait vu venir, même s'il était regardé par tout le monde comme un candidat crédible et sérieux ?

Parce qu'il avait été condamné ? Je ne le crois pas. Pour certains, bien sûr, le fait d'avoir été condamné est en soi infamant et devrait conduire à l'exclusion éternelle de toute fonction publique, et à plus fort titre lorsqu'elle est élective. Mais la circonstance que Juppé, dont il a été jugé qu'il ne s'était pas enrichi personnellement du fait d'un système mis en place avant lui, pour un autre que lui, et pour lequel il a assumé sa responsabilité sans jamais rejeter la faute ni sur son chef de l'époque, ni sur ses collaborateurs d'alors, en faisant face et, comme il l'a déclaré un jour, en « fermant sa gueule », comme doit le faire un chef, un vrai, cette circonstance donc, m'a toujours laissé penser que les Français ne lui en tenaient pas rigueur. Il avait été condamné, certes, mais il avait payé, avait démissionné de tous ses mandats, était parti au Québec enseigner, était revenu, s'était fait réélire à Bordeaux, était redevenu ministre, et avait en 2014 remporté la mairie de Bordeaux au premier tour avec plus de 60 % des voix, ce qui restera sans doute une forme de record pour longtemps.

À cause de son âge ? Sans doute plus qu'on ne le croit. Même s'il a été en pleine forme pendant toute cette campagne, même si soixante-dix ans aujourd'hui ce n'est pas exactement la même chose qu'autrefois, même si ce sujet n'a jamais été abordé de front et peut-être justement parce qu'il n'a jamais été abordé de front. Le contraste pendant les débats entre un candidat qui apparaissait plus jeune, le cheveu fourni et le sourcil broussailleux et qui était aussi calme, voire plus, a sans doute marqué les esprits. Difficile de lutter contre un argument qui n'est jamais formulé mais qui est dans tous les esprits.

À cause de « l'identité heureuse » à laquelle il croyait fermement, et moi avec lui, et que nous avons donc défendue, vaille que vaille, pendant toute la campagne ? C'est possible aussi. Sur le papier le raisonnement était impeccable et la cause était belle : en finir avec les plaintes déclinistes, les nostalgies et les pleurnicheries sur le thème du « c'était mieux avant » ; on peut les comprendre parfois, elles sont souvent exprimées par des gens de talent, mais elles ont justement pour cette raison un effet délétère et démobilisateur sur les esprits. Il fallait au contraire expliquer que la France a tous les atouts pour s'en sortir et toutes les raisons d'avoir foi en l'avenir, démontrer qu'il n'y a pas d'identité figée et que ce qui nous rassemble vaut tellement plus que nos différences, proclamer la fierté d'être français, quelles que soient nos origines, nos mémoires historiques, nos croyances. Ce n'était rien de plus que rappeler, comme le disait Fernand Braudel, *que la France se nomme diversité*. Discours parfait, encore une fois, sur le papier. Inattaquable sur le plan de la vérité et des principes. Mais dont l'effet fut sans doute négatif parce qu'il fut incompris, c'est-à-dire parce que nous n'avons pas réussi à l'expliquer. L'échec en politique est trop souvent mis sur le compte des autres.

Peut-être aussi cette « identité heureuse » était-elle tout simplement inaudible en période de crispation, de remises en cause incessantes de la laïcité, de menaces sur la sécurité. Peut-être n'était-elle pas suffisamment incarnée par Alain Juppé ou par ceux qui le soutenaient.

Le terrain identitaire n'était pas, à l'origine, celui où Alain Juppé avait le plus vocation à se situer. C'est Nicolas Sarkozy qui, dès 2011-2012, en avait fait un fonds de commerce. Sur le mode anxiogène d'une identité menacée comme jamais, d'une France qui ne serait plus la France, et d'un urgent besoin de revenir aux fondements de l'identité nationale. Qu'il avait d'ailleurs du mal à définir, tant l'exercice est compliqué. L'évocation des Gaulois, l'idée d'un roman national univoque, automatique et surtout exclusif, puisqu'il avait vocation à placer hors de la communauté nationale tous ceux qui ne partageaient pas le mythe, s'est heurtée à la réalité d'une France multiculturelle et acculturée aussi, peut-être. En 2006 et 2007, le candidat à l'élection présidentielle avait, sur ce thème de l'identité, joué une carte autrement plus intelligente, englobante et généreuse. En 2016, il voulait faire peur pour être celui qui rassure.

Ce choix d'Alain Juppé, d'aller porter le fer sur ce terrain, est la conséquence de deux livres.

Le premier est évidemment celui d'Alain Finkielkraut, *L'identité malheureuse*, dans lequel est exprimée avec le talent qu'on connaît à l'auteur, et avec beaucoup plus de nuances que ceux qui reprendront ces thèmes ne l'admettront, l'idée d'une identité remise en cause par la conjonction d'une immigration mal maîtrisée, d'une mauvaise conscience nationale éternellement culpabilisante et d'une défaite générale de la pensée et de la non-transmission de certaines valeurs par l'école. L'ouvrage est documenté et sombre. Il a souvent été critiqué mais est toujours commenté et son influence persiste.

Le second livre est nettement moins connu. Il sort, exclusivement en format numérique au début de l'année 2014, alors que ni Alain Juppé ni Nicolas Sarkozy n'ont encore manifesté leur intention d'être candidat et que personne ne parle d'une primaire de la droite. Il est publié à l'initiative de Benoist Apparu, juppéiste historique, qui propose à tous les ténors de l'opposition de produire un chapitre sur leur vision de la France. C'est une tentative utile de recréer un peu d'unité dans un parti déchiré par la guerre qu'a déclenchée l'élection du président du parti à la fin 2012.

Le chapitre proposé par Juppé s'intitule « L'identité heureuse ». Je doute qu'à l'époque Alain Juppé ait pensé qu'il y avait là le thème qui allait devenir central dans sa campagne des primaires. Il y avait avant tout la volonté d'engager le débat avec un intellectuel sur cette question. Était-ce un programme politique ? Un projet qu'il pouvait incarner ? Ces questions ne sont pas posées, et ne le seront au fond jamais, Juppé faisant le choix de maintenir l'angle ébauché début 2014 pour lutter contre « l'identité menacée » de Sarkozy.

Deux livres donc qui expliquent largement, dans un mélange unique de conviction profonde et d'aléatoire pur, le positionnement d'Alain Juppé pendant cette primaire.

François Fillon, comme Bruno Le Maire, mais différemment, aura peu parlé d'identité. Bruno a préféré parler de culture, et ça n'a pas pris. Fillon a choisi de ne pas traiter le thème de façon théorique mais de l'incarner : un Français enraciné dans sa province, assumant ses valeurs chrétiennes en évitant la bigoterie, ne manquant jamais de rappeler, incidemment, la force de la tradition française, sans jamais la mettre explicitement en avant et tout en étant ouvert aux évolutions du monde.

En politique, une incarnation est toujours plus puissante qu'un discours. Et François Fillon aura réussi à se placer de la bonne façon sur le terrain labouré par les deux candidats en tête.

Mais des innombrables commentaires formulés pendant la primaire de la droite et du centre que j'ai lus ou entendus, c'est peut-être celui-ci, d'Alain Duhamel, qui m'est apparu le plus juste. Et le plus troublant pour moi : « Alain Juppé était au point d'équilibre de la société, François Fillon au point d'équilibre de la droite. »

Parce qu'il repose au fond, sur l'idée que Juppé n'était pas assez de droite, comme on a longtemps prétendu que Rocard n'était pas assez de gauche ; parce qu'il sous-entend une gauche et une droite chimiquement pures, dont on pourrait mesurer le taux de dilution et déterminer le gradient d'authenticité ; parce qu'il renvoie à une orthodoxie politique et partisane qui m'avait désespéré à gauche et qui me consterne à droite.

J'avais eu l'habitude qu'on ne me juge « pas assez de gauche ».

Cela faisait partie des critiques régulières que subissait le rocardien que j'étais lorsque j'osais affirmer que tout n'était pas dicible, que tout n'était pas faisable, qu'il y avait toujours un moment où le principe de réalité économique finissait par se rappeler aux bons souvenirs des idéalistes les plus chevelus et les plus généreux.

Surtout, le « pas assez de gauche » rythme depuis longtemps les débats au sein de la gauche havraise, où la concurrence est vive entre socialistes et communistes. Lorsque les relations sont bonnes, le « pas assez de gauche » prend des tonalités de fraternelle émulation. Lorsqu'elles sont moins bonnes, ce qui arrive assez fréquemment, le « pas assez de gauche » prend vite des allures d'anathème. Même si l'union de la gauche est une revendication permanente, elle est un combat, d'autant plus vif que chacun a sa définition de la vraie gauche, et que la figure du « stal » ou du « social-traître » affleure bien souvent derrière l'allié ou le partenaire.

J'ai toujours été un peu surpris par ces débats. Non pas dans leur dimension intellectuelle ou historique : les querelles de chapelles de la gauche ont, après tout, quelque chose d'aussi respectable que celles d'autres églises. Mais enfin, sur le plan pratique, je ne comprends pas. La gauche, en tout cas celle du Parti socialiste, a clairement fait le choix, en 1983, de l'économie de marché. Elle n'est jamais revenue sur ce choix, elle l'assume et jamais depuis 1983, ni dans l'opposition ni au pouvoir, elle n'a voulu rompre avec l'organisation libérale de l'économie. Elle veut certes encadrer le marché, le limiter à la sphère productive pour éviter qu'il ne « contamine » le reste des activités humaines, elle veut redistribuer la richesse, elle insiste sur la justice sociale mais enfin elle n'est plus du tout dans « la rupture avec le capitalisme » prônée par François Mitterrand en 1981. Au mieux dans l'adaptation. Et elle ne propose réellement aucun modèle alternatif.

Chez les communistes, chez Mélenchon ou chez certains écologistes, c'est différent. Le discours reste, à bien des égards, un discours de rupture. La pratique, lorsqu'elle existe, est probablement plus prudente. Le communisme municipal, qui reste une réalité autour du Havre et en Seine-Maritime en général, ne marque pas par sa volonté de construire un contre-modèle au monde dans lequel nous vivons.

Les discussions, les postures et les querelles dureront et il est acquis qu'il existera longtemps, à gauche, une gauche pas assez à gauche pour les défenseurs de la « Vraie Croix ».

À droite, jusqu'à il y a peu, rien de tout cela. Sa répugnance traditionnelle pour les discussions idéologiques, son hétérogénéité ancienne, qui assume le mélange des héritages orléaniste, bonapartiste et réactionnaire, sa préférence du lien de vassalité au chef plutôt qu'au débat à l'intérieur des machines que sont les partis politiques expliquent largement qu'il ait semblé absurde, jusqu'à récemment, de dire à un gaulliste, ou à un républicain indépendant, ou à un libéral tendance libertaire (il y en a) qu'ils n'étaient pas assez de droite. Cela n'aurait d'ailleurs pas beaucoup de sens. Qui est le plus à droite entre celui qui prône le protectionnisme (il y en a, de plus en plus, à droite) et celui qui est favorable au libre-échange ? Qui est le plus à droite entre le conservateur provincial et le libéral parisien ?

Et pourtant, l'avènement du thème de la droite « décomplexée », celui du thème identitaire dans le débat public ainsi que l'impression de révolution conservatrice qui colle à la peau du programme de la droite en cette année électorale 2017 laissaient à penser que quelque chose avait basculé dans le débat politique.

La campagne d'Alain Juppé était une campagne de rassemblement de tous, à droite et ailleurs, autour des axes définis par le candidat. En faisant le pari d'une campagne qui ne changerait pas de ton entre la primaire et la présidentielle, et qui serait donc calquée sur la logique d'un second tour de présidentielle là où nous étions en concurrence pour une primaire, nous avions oublié la morale d'une autre fable de La Fontaine, « Le Renard et le Bouc » : *En toute chose il faut considérer la fin.* Pas assez à droite, donc, pour une primaire.

C'est triste de perdre, en politique comme ailleurs. C'est agaçant, c'est parfois déstabilisant, mais ce n'est pas très grave. Intégrer la possibilité de la défaite doit être une hygiène de vie, de la même façon, en nettement moins tragique, que le militaire doit intégrer l'idée de la mort. Pour reprendre le très éloquent titre du beau livre d'un grand écrivain militaire, Michel Goya, *Sous le feu : la mort comme hypothèse de travail*, la défaite doit être, pour un responsable politique, une hypothèse de travail.

Ce qui renvoie, s'agissant d'un jeune homme ayant grandi et lu à gauche, à la question de savoir comment et pourquoi il est passé à droite. Peut-être ce passé assumé viendrait-il condamner la pureté d'une droite qui se pense désormais décomplexée ? D'une droite qui, si j'entends certains de mes amis, devrait ne plus s'excuser d'être de droite.

Je crois pour ma part qu'on peut être de droite sans devoir s'en excuser ni être d'accord, pour autant, avec les partisans d'une droite dite « décomplexée ». J'ai d'ailleurs toujours pensé que ceux qui revendiquaient avec autant d'insistance leur « décomplexion » avaient sans doute quelque chose comme un complexe à régler…

Je suis venu à la droite pour la liberté, d'abord. Par mes lectures et mes amitiés et mes rencontres. Mais pour la liberté, d'abord.

Et, pour moi, cette primauté de la liberté s'est d'abord manifestée par la volonté de sortir de ma zone de confort intellectuel et de mes habitudes de lecture. Ce n'était pas une révolte, mais simplement le besoin de me sentir libre et de regarder au-delà de la barrière que je m'étais imposée à moi-même.

Je me pensais de gauche parce que j'avais lu les biographies de Blum et de Mendès France ; je me découvrais sérieusement hésitant en lisant celles de Churchill ou celle, toujours aussi remarquable de De Gaulle par Jean Lacouture. Je n'avais d'ailleurs pas le sentiment d'être infidèle ou de changer d'allégeance. De Gaulle, Mendès : quoi de plus différent, au premier abord ? L'officier hautain, distant et habité par son destin et l'avocat, empathique et proche des gens ; le républicain autoritaire et méprisant les jeux politiques et le radical-socialiste défenseur du parlementarisme. Et pourtant : le même désintéressement, le même dévouement au bien commun, la même exigence morale, le même refus des compromissions et la même volonté de refonder et de réformer. Des vies croisées et des aventures communes dans la Résistance et à la Libération, un respect mutuel qu'ils auront toujours l'un pour l'autre malgré des oppositions politiques sans concession.

Je me pensais de gauche parce que la gauche, c'était évidemment le camp du Progrès, du Bon, du Vrai, du Juste, du Correct, de l'Irréfutable et de l'Incritiquable. Je découvrais qu'en matière de justice et de liberté, des auteurs regardés de haut ou avec horreur par ceux qui autour de moi faisaient l'opinion disaient des choses intelligentes. Friedrich Hayek et sa réflexion sur la liberté comme fondement à préserver de la vie en société, John Rawls et son souci de justice sociale : deux penseurs profondément libéraux et dont les livres me semblaient très éloignés de ce que j'avais pu en saisir avant de les avoir lus. On notera au passage cette idée extravagante que l'on pourrait se faire une idée sur un livre avant de l'avoir lu. J'ai longtemps pratiqué cela. Lorsque je pense à cette époque passée, j'en ai presque honte. Lorsque je vois les ravages que cette idée continue à produire, je me rassure sur mon compte, mais je m'angoisse pour les autres.

La Route de la servitude, d'Hayek, a joué pour moi un rôle particulier. Je me souviens des réactions consternées de certains de mes amis lorsqu'ils me découvraient en train de lire le livre à la bibliothèque ou lorsque je le transportais avec moi. Ils étaient horrifiés, sauf quelques-uns, de droite, qui trouvaient normal que je lise un livre lu et discuté dans toutes les facultés de sciences politiques du monde, sauf sans doute en France. Et cet ouvrage abominable, concentré de ce que le libéralisme a forcément d'ultra, il me semblait juste. Mesuré même. Soucieux d'une démocratie réelle et d'un respect des individus, de leur liberté, de leurs différences. Méfiant devant tout mécanisme qui aboutissait à la captation des décisions par des groupes constitués (partis, ou race, ou experts). Bref, plus je sortais de ma zone de confort, plus je trouvais que ça en valait le coup.

Autre rencontre surprenante, celle que je fis avec Raoul Girardet. Rencontre littéraire bien sûr, puisqu'il n'était plus, je crois, professeur à l'Institut d'Études politiques, quand j'y étais étudiant. Je ne savais pas qu'il avait été résistant et arrêté à ce titre, ni qu'il avait milité pour l'Algérie française, et arrêté à ce titre aussi. En vérité, je ne savais rien de la colonisation et de la décolonisation. Aucun de mes parents proches ou lointains n'avait eu de lien avec les colonies, mon père était trop jeune au moment de la guerre d'Algérie pour être appelé sous les drapeaux. Né en 1970, près de dix ans après l'indépendance de l'Algérie, je n'ai aucun souvenir d'enfant de débat ou de discussion familiale sur ces sujets.

J'ai découvert la colonisation, la conquête de l'Empire, son rôle dans l'histoire nationale, sa marque sur des familles entières, l'amertume et la colère liés aux conditions de sa désagrégation après avoir passé mon bac. Non pas que les programmes d'histoire et de géographie aient été silencieux, à l'époque, sur le fait colonial, mais les manuels évoquaient surtout la décolonisation (sans vraiment expliquer la colonisation) et ce que j'en retenais relevait plus de la litanie de chiffres, de dates et d'événements que de la compréhension.

Lire de gauche à droite

Avec Raoul Girardet, et avec son magnifique livre *L'idée coloniale en France : de 1871 à 1962*, dont la lecture m'avait été imposée par mon professeur d'histoire à Sciences Po, Elikia M'Bokolo, originaire du Congo (on disait le Zaïre à l'époque) et assez peu enclin à une quelconque complaisance colonialiste. C'est grâce à Girardet et à ce remarquable passeur de connaissances qu'était M'Bokolo que je découvris autre chose. Je comprenais ce qu'avaient pu ressentir tous ceux qui avaient embarqué à Marseille pour rêver d'une vie nouvelle de l'autre côté de la Méditerranée. J'entrevoyais les complexités de l'Histoire et l'absurdité qui s'attachait à juger les temps passés à l'aune de nos valeurs présentes. Rien de cette découverte n'avait vocation à me placer à droite plutôt qu'à gauche, l'absence de perspective historique, l'anachronisme et les verdicts à l'emporte-pièce étant également répartis sur le spectre politique. Mais il se trouve que ce que je savais, jusqu'alors, de ces sujets, tenait pour l'essentiel de la vulgate de gauche. La découverte d'une réalité bien plus complexe, celle d'un auteur ayant le souci d'assumer des thèses en rien dominantes en les étayant avec une rigueur et un talent incontestables me sortaient là encore de ma zone de confort. Je découvrais qu'on ne comprenait rien à l'« idée coloniale » et à l'époque de l'Empire français si on se bornait à lire Frantz Fanon et qu'on ignorait volontairement les figures de Lyautey ou de Charles de Foucauld.

Bien des années après, j'ai ressenti la même impression en lisant la biographie d'Hélie Denoix de Saint Marc par Laurent Beccaria, et ses *Mémoires*. Je mets au défi quiconque, et notamment tous ceux que la figure du général de Gaulle inspire ou qui, à droite ou à gauche, sont admiratifs de l'esprit de la Résistance, de ne pas être secoué par la logique imparable et le sens de l'honneur d'un bon nombre de putschistes d'Alger. J'invite tous ceux qui pensent que je m'égare à sortir de leur zone de confort littéraire et à se lancer dans ces livres-là.

Et puis il y a eu la littérature.

Denis Tillinac, homme de talent et homme de conviction, donc bien souvent d'excès, a écrit quelque part qu'aimer des personnages comme Mermoz, d'Artagnan, Tintin, ou Cyrano de Bergerac, était sans contestation possible le signe d'une sensibilité de droite.

Cela aurait dû me mettre la puce à l'oreille. *Courrier Sud*, *Vol de Nuit* et *Terre des hommes* que j'ai lus à cette époque m'avaient fait découvrir un

Lire de gauche à droite

Mermoz chevaleresque[1]. D'Artagnan a toujours occupé une place à part dans mon panthéon personnel, et Cyrano… Mais j'y reviendrai.

On peut débattre à l'infini sur la question de savoir s'il y a une littérature de droite et une littérature de gauche. Qu'il y ait des auteurs de droite ou de gauche, c'est l'évidence. Est-ce que cela teinte leur écriture au point de faire basculer tel ou tel livre à droite ou à gauche ? Je ne sais pas. On peut après tout lire en se posant la question de savoir si un livre est bon, plutôt que celle de son éventuel positionnement à droite ou à gauche. Cela dit, on peut reconnaître, avec le même Tillinac, qu'il est plus courant de voir un homme de droite admirer Aragon ou Éluard qu'un homme de gauche évoquer son amour de Chateaubriand, de Morand ou de Mauriac. Sauf Mitterrand, bien sûr, mais était-il vraiment de gauche ?

Ce qui est certain c'est que je n'ai commencé à lire des auteurs manifestement marqués à droite que tard, parce que là encore, rien ne m'avait conduit à les découvrir jusqu'alors. Et je dois à quelques-uns de mes amis qui s'affirmaient de

---

1. Je confesse en revanche n'avoir jamais été sensible au charme du *Petit Prince*.

73

droite d'avoir découvert des auteurs que j'avais toujours ignorés : Chateaubriand et Morand, Montherlant et Bernanos ou Léon Bloy. Et puis deux autres, qui occupent évidemment une place à part, parce qu'ils ont tous deux été à gauche avant d'évoluer, ou avant que le monde n'évolue, allez savoir : Péguy et Malraux.

Comme beaucoup, j'aurais raté Péguy si Alain Finkielkraut n'avait produit son incroyable *Mécontemporain*. Rien que le titre justifie l'admiration que l'on peut avoir pour celui que j'appelle avec tendresse Finky depuis que j'ai lu sa *Défaite de la pensée* au début des années 1990. Péguy, le socialiste anticlérical et dreyfusard, allergique à toute forme d'antisémitisme, le produit de l'école républicaine et de ses « hussards noirs » (la formule est de lui) qui, au fil de sa vie, bascule dans le mysticisme catholique et le patriotisme le plus flamboyant, sans rien abandonner de ses convictions initiales. En voilà un qui passait de gauche à droite, et avec du style ! Un style circulaire, et envoûtant, comme hypnotique, qui oscille entre la douceur ronde d'un galet poli et l'arête tranchante du silex lorsque l'imprécation jaillit.

Et Malraux ! Le contrebandier, anticolonialiste et prorépublicain pendant la guerre d'Espagne qui devient une figure du gaullisme de gouvernement.

Lire de gauche à droite

Je ne sais pas si, s'agissant de Malraux, les notions de gauche et de droite peuvent avoir un sens. Si la figure dominante en France de l'intellectuel, depuis l'Affaire Dreyfus, est l'écrivain engagé, le Malraux d'après 1945 donne surtout l'impression de s'engager au service d'un homme plutôt que d'une idée, comme si, au triptyque platonicien du beau, du bon, du bien, il ajoutait le général. Comme une ou deux générations avant moi, et comme de très nombreuses à venir, j'ai découvert, à côté du romancier, l'incroyable orateur qu'était Malraux, en écoutant ses discours, en les réécoutant encore, pour voir quand mes poils cesseraient de se dresser sur mes bras lorsqu'il évoque le cri des moutons des tabors, les rayés et les tondus des camps et la dernière femme morte à Ravensbrück. La réponse est : pas encore.

En 1993, j'étais de gauche, et sans doute pas assez selon mes amis d'alors. En 1997, j'étais de droite, et forcément trop auraient dit les mêmes. Entre-temps, il y avait eu des amitiés, des lectures, des discussions, des expériences, un service militaire dans l'artillerie où j'étais allé à reculons, et où j'avais passé une année finalement extraordinaire, un long stage à New York où j'étais parti enthousiaste et où je serais bien resté, un stage à

Carcassonne où j'avais découvert les joies du cassoulet et de la gestion de l'ordre public en pays cathare. Bref, en quatre ans, j'avais changé. Et pourtant je n'avais pas changé. J'aimais toujours lire. J'aimais toujours toutes les références qui m'avaient marqué à gauche, je les aime encore d'ailleurs. Mais dans l'éternel débat qui traverse les sociétés et chacun d'entre nous et qui confronte liberté et égalité, réalité et utopie, responsabilité individuelle et prise en charge collective, j'avais compris que je privilégiais plutôt les premières. Cela ne veut pas dire que les secondes soient inutiles, ou dangereuses. Elles sont indispensables aussi. La vie politique est ainsi faite qu'elle oblige à choisir entre des éléments qui n'ont de sens que parce qu'ils se complètent.

5.

Une politique de la lecture

Tu duca, tu signore, e tu maestro !

Je m'adressais à Antoine Rufenacht, dans la salle du conseil municipal, ce samedi matin d'octobre 2010, pour mon premier discours en tant que maire. Reprenant les mots de Dante à l'endroit de Virgile lorsque le poète s'avance vers les Enfers, je disais à mon prédécesseur toute mon admiration, ma fidélité et ma reconnaissance, et j'envoyais, dans le même temps, un autre message d'affection et de reconnaissance à mon père, qui était dans le public et qui, j'imagine, devait être assez fier.

Et je bouclais une boucle.

Car dans ce premier discours de maire, forcément consacré à remercier celui qui me faisait confiance en renonçant de son plein gré à un mandat qu'il exerçait avec talent et passion depuis 1995, je m'attachais pour l'essentiel à rassurer tout le monde en indiquant combien j'allais mettre mes pas dans ceux d'Antoine Rufenacht et poursuivre la politique qu'il avait engagée.

On n'imagine pas forcément, de l'extérieur, le caractère incroyable du geste d'Antoine Rufenacht. La politique, comme l'aurait dit un autre florentin, est avant tout affaire de conquête et de conservation du pouvoir. Et l'idée qu'un homme politique en pleine forme, à la tête d'une équipe soudée, jouissant d'une excellente réputation dans la ville dont il est le maire et à l'extérieur et mûrissant encore des projets puisse passer la main à un autre, de trente ans plus jeune, afin, selon ses propres mots, de préparer la suite, a quelque chose de rare, très rare.

Lorsque j'avais rencontré Antoine Rufenacht, en 2000, presque par hasard, j'avais été frappé par son calme, sa maîtrise complète des codes politiques et son mélange unique et presque contradictoire de détachement et de détermination extrême à faire en sorte de réussir ce qu'il avait entrepris. Et à réussir sa sortie. En 2000, il n'était évidemment pas question pour lui de démissionner. Il était maire depuis 1995, après avoir tenté à trois reprises de battre les communistes qui tenaient la mairie depuis 1965, et envisageait avant tout l'élection municipale de 2001, avec une confiance parfaitement assumée et le souci de préparer de nouvelles équipes pour la suite. Au bout d'une heure d'une discussion dont je me souviens qu'elle avait notamment porté sur la place que la littérature réservait au Havre (je terminais à l'époque une relecture du *Vicomte de Bragelonne*, et nous avions évoqué les conditions de l'accueil de Henriette d'Angleterre dans le port du Havre...), il m'avait proposé d'être sur sa liste l'année suivante. Et pendant dix ans, je l'ai regardé et j'ai appris à ses côtés, de la seule façon dont il est possible d'apprendre, c'est-à-dire en observant les meilleurs que soi, en essayant de les imiter ou de faire autrement, en apprenant de ses propres erreurs, et en admirant l'élégance, la solidité et le sens de la manœuvre du patron que je m'étais choisi.

Pour l'essentiel, donc, il me fallait, devenu maire, rassurer en m'inscrivant dans une continuité d'autant plus naturelle que j'étais parfaitement en accord avec ce qui avait été entrepris par mon prédécesseur.

Mais il fallait aussi commencer à semer quelques petites touches d'originalité. Et celle que je choisissais d'emblée d'évoquer, c'était le choix, mûri depuis longtemps et que je n'avais jamais évoqué publiquement, de lancer, au Havre, une grande politique de la lecture. C'était en effet dans le domaine de la culture qu'il me paraissait possible d'enrichir encore ce qu'avait engagé Antoine Rufenacht.

Dante me permettait à la fois de dire à Antoine Rufenacht, avec qui je partage une passion pour l'Italie, et à mon père, combien je les remerciais. Et marquait l'envie de passer d'une passion individuelle pour la lecture à une politique publique culturelle.

La culture, c'est la rencontre entre un individu et une œuvre.

De toutes les définitions possibles de ce concept souvent insaisissable, c'est celle que je préfère. Elle présente l'immense avantage de mettre ce contact au cœur de la culture, sans tenter de définir ce qu'est une œuvre, sans indiquer ce qui relève de la création ou de la diffusion, sans se prononcer sur le champ d'expression artistique (ou non) dans lequel l'œuvre pourrait s'inscrire. La culture est, au fond, une rencontre.

Une politique de la lecture

Une vraie rencontre. Pas une simple coexistence, ou pour prendre un terme qui renvoie au champ politique, une cohabitation. Les livres, c'est formidable. Mais ce qui compte c'est la lecture. Et s'il faut des livres pour lire, le simple fait d'être en contact avec eux n'implique pas qu'on les lise.

Il est courant d'entendre des parents se demander comment faire pour que leurs enfants se mettent à lire. On posait souvent cette question à mon père, qui était professeur de français avant de devenir principal de collège, et dont tout le monde comprenait tout de suite qu'il passait sa vie dans les livres. En plus, ses enfants lisaient. Il devait donc savoir s'y prendre. Il avait coutume de répondre à cette question en mimant une réflexion intense, puis en s'interrompant et en posant à son tour une question : et vous, vous lisez ? Vous lisez vraiment ?

Cette question n'est pas seulement une question que l'on se pose individuellement, dans le cadre de l'éducation d'un enfant. Elle est aussi forcément au cœur d'une politique publique de la lecture.

Pour que la rencontre soit réussie, pour qu'elle produise cette étincelle aussi ordinaire que miraculeuse, pour qu'une politique de la lecture soit à la fois efficace et véritablement dirigée vers tous, il faut à mon sens éviter trois écueils.

Premier écueil, et premier piège, confondre politique de la lecture et politique des bibliothèques. Il ne s'agit bien entendu pas de nier le rôle essentiel des bibliothèques dans toute politique de la lecture. Rien ne peut se faire sans les bibliothèques, sans les personnels qui les font vivre, sans le service qu'elles proposent aux lecteurs confirmés et passionnés ou à ceux, notamment les scolaires, qui découvrent avec leurs professeurs ces temples du livre.

Mais justement. Les bibliothèques sont trop souvent réservées à ceux qui y sont déjà entrés. L'immense majorité des utilisateurs d'une bibliothèque aiment déjà les livres. Il ne faut ni s'en plaindre, ni le regretter, mais il est important de l'admettre, pour ne pas tomber dans le piège d'une politique de la lecture qui serait exclusivement fondée sur les bibliothèques publiques. Pour beaucoup de nos concitoyens, la bibliothèque est un lieu intimidant, justement parce qu'il est le lieu des livres, le lieu d'une forme de savoir, d'un usage souvent mystérieux.

Deuxième écueil, et deuxième piège, celui-là plus classique en matière de politique publique, la politique du gadget ou de la distribution. Il aurait été facile, pour favoriser le contact entre les lecteurs et les livres, de distribuer, sans compter, les livres.

Une politique de la lecture

Mettre des livres partout, en donner systématiquement, à tous les publics et surtout à ceux qui sont
électoralement les plus favorables exige des moyens
financiers, mais relève du degré zéro de l'imagination politique et ne présente aucun intérêt en
termes d'efficacité. Il ne suffit pas de mettre des
livres en face des gens pour qu'ils les ouvrent et
pour qu'ils les lisent. C'est dommage d'ailleurs
car cela serait réjouissant et plus simple, mais c'est
ainsi. Il faut, le plus souvent, amener à la lecture,
parfois par le livre, parfois autrement. La lecture,
comme bien d'autres domaines du champ culturel
et éducatif, place nos concitoyens dans des situations très différentes, qui n'ont pas grand-chose à
voir avec la belle égalité dont nous pourrions rêver.

Troisième écueil, et pas des moindres, ne pas
tomber dans une politique qui ferait du livre un
fétiche. La cible d'une politique publique de la lecture est le lecteur, pas le livre. C'est d'autant plus
nécessaire que le livre papier tel qu'il s'est imposé
depuis plusieurs siècles n'est plus désormais le support exclusif de la lecture : on lit aujourd'hui, très
bien d'ailleurs et de plus en plus, sur des écrans, et
on écoute de plus en plus de la lecture grâce aux
livres enregistrés dont l'usage a été démultiplié par
l'incroyable agilité des produits numériques. Pour
un grand nombre de nos concitoyens, il peut être

plus simple de faire aimer la lecture en passant par un autre support que celui du livre ou, a minima, de ne pas se crisper sur le support traditionnel en inversant l'ordre des facteurs entre l'instrument et l'objectif.

J'entends les remarques et les observations formulées par les partisans d'une spécificité du livre-objet. Alain Finkielkraut a fait valoir que les livres constituaient des sanctuaires où les mots et les lettres, qui ailleurs foisonnent et se répandent, trouvent repos, ordonnancement et, finalement, tout leur sens. Il y a du vrai. L'auguste geste du lecteur, qui se résume à une quasi-immobilité et à une concentration conséquente, permet un fonctionnement de l'esprit qui n'a sans doute pas d'équivalent. Mais comment nier cependant les perspectives prodigieuses qu'ouvre le numérique ? Comment ne pas imaginer que les possibilités techniques offertes par le multimédia transforment d'ores et déjà la lecture, sans la remettre en cause, mais en l'enrichissant ?

Une fois ces trois écueils identifiés, il restait à éviter le piège le plus fondamental et le plus délicat. Car comme les Trois mousquetaires, les trois écueils sont en réalité quatre.

Le plus grand des écueils se retrouve dans toutes les politiques culturelles. C'est celui qui part de l'idée juste que la culture est utile à quelque chose, et qui développe, à tort, une politique culturelle pour atteindre ce quelque chose. Intégration sociale, développement touristique, réussite scolaire, redynamisation rurale, qu'importe l'objectif légitime qu'on lui assignera, la politique culturelle s'égare toujours un peu lorsqu'on lui demande d'abord de servir à quelque chose.

Il est bien entendu évident qu'une politique culturelle peut avoir des effets économiques ou sociaux massifs. Qui niera les effets sur le territoire local d'un festival comme celui des Vieilles Charrues ? Qui peut penser une seconde que le festival d'Avignon est seulement affaire de théâtre et pas, très largement désormais, une attraction touristique ? L'amour des vieilles pierres ou du patrimoine et la volonté réelle de préserver les joyaux architecturaux qui illuminent le territoire français expriment-ils seulement un farouche sentiment culturel ou bien l'ambition d'attirer des visiteurs sur un territoire, ou de conserver une identité ? Et après tout, le lien entre volonté politique et création culturelle est suffisamment fort et ancien pour qu'il faille accepter l'idée que l'action publique en matière culturelle n'est jamais dénuée d'arrière-pensées.

Mais c'est justement parce que l'action publique instrumentalise trop souvent le fait culturel qu'il faut poser ce principe simple : la culture ne sert d'abord à rien sinon à elle-même. Si la culture est d'abord une rencontre entre un individu et une œuvre, alors la politique culturelle devrait avoir comme objet premier de permettre une rencontre réussie entre ces deux-là. Et c'est tout. Le reste, pourrait-on être tenté de dire, finira bien par venir par surcroît.

Facile à énoncer, mais difficile de maintenir le cap. Les attentes de nos concitoyens, la pression du monde culturel pour que soient pris en compte tous les « publics », la tentation de montrer à tous combien on est soi-même exemplaire en enrichissant à foison une politique donnée conduisent immanquablement les élus à tenter d'englober, avec un seul instrument, tout le spectre de l'action publique. C'est ainsi que les politiques culturelles deviennent sociales, économiques, territoriales avant de se parer, sans vraiment d'hésitation, des vertus du développement durable ou de se transformer en instruments forcément puissants d'une nouvelle intégration Nord-Sud...

C'est ainsi partout, y compris au Havre sans doute. Mais on peut connaître et reconnaître cette dérive naturelle sans oublier qu'au fond la politique culturelle doit d'abord se servir elle-même avant de servir à quelque chose.

Une fois posé ce postulat, il était possible d'imaginer une politique de la lecture articulée autour de quelques idées simples : permettre aux lecteurs de rencontrer des livres ; susciter la lecture pas seulement par le livre.

La première idée est la plus évidente. Pour avoir envie de lire, il faut au moins être entouré de livres. Faire en sorte que la rencontre entre ceux qui ne savent pas encore qu'ils vont aimer lire et les livres soit la plus fréquente afin que la probabilité de saisir le livre soit la plus grande. Ne pas mettre le livre au milieu des villes, il y est déjà, mais bien placer les hommes au milieu des livres, ce qui n'est pas si simple.

Bien sûr il y avait, bien avant que je devienne maire et bien avant ma naissance même des bibliothèques au Havre. Une bibliothèque centrale, des bibliothèques de quartier, un bibliobus permettant de faire tourner même dans les endroits les moins densément peuplés des livres du réseau des bibliothèques. Tout cela fonctionnait bien, et encore mieux depuis que trois grandes (et belles) bibliothèques d'équilibre avaient été ouvertes par Antoine Rufenacht dans les quartiers périphériques de la ville.

Mais dans une bibliothèque, on place beaucoup de livres en espérant que beaucoup de gens viendront les trouver. On pouvait aussi essayer l'inverse : placer des livres là où beaucoup de gens vont, et espérer que la rencontre entre ceux-ci et ceux-là se ferait dans d'aussi bonnes conditions, voire des meilleures.

C'est dans cet esprit qu'a été décidé l'aménagement et l'ouverture progressifs de sept relais lecture qui ressemblent à de petites bibliothèques rassemblant entre 3 000 et 5 000 ouvrages maximum et permettant la consultation et l'emprunt des livres (gratuitement) mais installés dans des bâtiments dont la fonction première n'est pas d'être un lieu culturel. Une salle de quartier, une mairie annexe, un centre social : là où le public a l'habitude d'aller, là où il va. En prenant soin de faire en sorte qu'un livre emprunté dans tel ou tel relais lecture puisse être rendu dans n'importe quel autre relais ou bibliothèque ; et en veillant à ce que chaque relais lecture permette aux écoliers ou aux lycéens de travailler au calme, près de chez eux.

C'est également dans cette logique que nous avons mis en place le dispositif « livres nomades », en nous inspirant d'une idée pratiquée ailleurs (car on innove rarement en fait de politique publique) qui consiste à laisser traîner un livre que l'on a lu, pour qu'il soit pris par un autre, puis redéposé, bref pour qu'il voyage et qu'il ne s'arrête pas sur les étages d'une bibliothèque. En déclassant des milliers de livres des bibliothèques havraises, et en appelant les lecteurs havrais à nous donner ceux des livres qu'ils souhaitaient faire entrer dans le dispositif, nous avons créé plus de quatre-vingts points-lecture en ville, où l'on trouve des présentoirs fabriqués par les services de la municipalité et qui permettent de proposer chacun quelques dizaines d'ouvrages. Dans des salles d'attente de médecins, dans des cafés, dans des salles de sport, les livres sont prêts à être saisis. Il ne s'agit pas d'un emprunt. Rien n'impose de replacer le livre à sa place une fois lu.

Alors bien sûr, ces relais lecture et ces livres nomades sont bien loin du raffinement et des moyens dont peuvent souvent faire état les bibliothèques publiques. Il n'y règne pas l'atmosphère de « temple » que le jeune Sartre voyait dans la bibliothèque de son grand-père. La lecture n'est pas une religion, avec ses objets sacrés qu'on devrait révérer et ses sanctuaires qui seraient forcément réservés à une communauté, large bien sûr, mais au fond incomplète. Il y règne le calme et l'ordre, mais aucun luxe et la seule volupté envisageable est celle, bien réelle, que peut procurer la lecture.

Enfin nous avons modernisé notre réseau de bibliothèques, parce qu'il fallait qu'il suive le rythme et l'ambition de la nouvelle politique publique mise en œuvre, en aménageant dans le Volcan construit par Oscar Niemeyer une nouvelle grande bibliothèque.

On pourrait aisément prétendre que cette bibliothèque Niemeyer est une des plus belles de France. Elle a obtenu des distinctions nationales qui peuvent établir qu'elle est au nombre des bibliothèques récentes les plus étonnantes et les plus agréables. On pourrait aussi mettre en avant le spectaculaire succès des chiffres de fréquentation, d'emprunt d'ouvrages, de nouveaux lecteurs.

Mais il y a mieux à faire.

Comment susciter l'envie de lire ?

La réponse est simple : par tous les moyens, car ils sont tous bons.

6.

Panache et monuments

Marie-Agnès Cailliau, la sœur aînée du Général, raconte qu'Henri de Gaulle, leur père, leur faisait souvent la lecture en déclamant *L'Aiglon* et *Cyrano*. Cette dernière pièce était une des favorites de Charles qui, encore lycéen, écrivit un petit texte en vers inspiré du style d'Edmond Rostand et qui, jusqu'à la fin de sa vie, saura en réciter des scènes entières.

Pour moi, la réalité est moins glorieuse. Enfant, je souffrais d'un complexe dû à des oreilles décollées qui me valaient les railleries féroces de la part de mes camarades de classe. Cela peut apparaître ridicule plus de trente ans après, mais je le vivais mal. Ma mère se décida à me faire lire la fameuse tirade du nez du Ier acte comme un exemple de réponse aux moqueurs. Si l'on m'attaquait par la moquerie, il fallait mettre les rieurs et l'esprit de son côté. Je dois dire que je n'avais pas le choix, l'option bagarre ou menace physique étant inenvisageable pour moi lorsque j'étais enfant.

Je ne pense pas avoir été convaincu, à l'époque, par l'efficacité qu'une telle réplique pouvait avoir dans une cour de récréation.

Je croyais donc, grâce à ma mère, connaître la pièce mais, comme peut-être trop de jeunes gens formés par les classes préparatoires, je l'ai longtemps tenue pour mineure. Une pièce en alexandrins, imitant les classiques mais écrite à la fin du XIXe, à une époque où la littérature et le théâtre se devaient d'explorer la modernité, c'était joli mais désuet. Réussi, mais secondaire. Oui, mineur en somme.

Quel âne.

C'est donc par le cinéma que j'ai redécouvert *Cyrano*. C'est le film de Jean-Paul Rappeneau, en 1990, qui m'a fait changer d'avis.

Depuis *Cyrano* est probablement le livre que je lis le plus souvent.

Je ne peux lire le Ve acte, la mort de Cyrano, sans être ému. D'abord par les mots du duc de Guiche, dont la portée résonne avec plus d'insistance au fur et à mesure que j'exerce des responsabilités publiques. Cyrano « a vécu sans pactes, libre dans sa pensée autant que dans ses actes ». Alors que Guiche, désormais duc, riche, influent, reconnu, confie, en aparté : « Voyez-vous, lorsqu'on a trop réussi sa vie, / On sent, n'ayant rien fait, mon Dieu, de vraiment mal, / Mille petits dégoûts de soi, dont le total / Ne fait pas un remords mais une gêne obscure ; / Et les manteaux de duc traînent dans leur fourrure, / Pendant que des grandeurs on monte les degrés, / Un bruit d'illusions sèches et de regrets ».

Mille fois dans la littérature, et au moins autant dans l'Histoire, les deux modèles antagonistes de la pureté qui échoue et du succès qui corrompt ont été opposés. D'abord par Sophocle, à qui nous devons les deux figures qui les symbolisent le mieux : Antigone et Créon. D'un côté l'idéalisme, la liberté et la rébellion face aux pouvoirs ; de l'autre les compromis nécessaires, la loi, la raison d'État. Toute la politique est déjà là, résumée ! Ma conscience ou ce que je crois être les exigences de l'honneur peuvent me dicter de violer la loi ou les convenances, disent Antigone et Cyrano : « Je préfère commettre une injustice que de tolérer un désordre », pourraient dire, comme Goethe, Créon et Guiche. Alors bien sûr, spontanément et naturellement, notre sympathie va vers Antigone et Cyrano. Mais comment ne pas avoir conscience que l'intransigeance conduit à une impasse : la mort ? La « sottise », les « préjugés », les « lâchetés » et les « compromis » dénoncés par Cyrano ont permis à Guiche de « réussir ». Les accepter est le prix à payer pour qu'une société se perpétue et s'améliore, répondrait Créon.

Pour un responsable politique (mais en vérité pour n'importe quel homme libre) la tension entre les principes et l'efficacité, la pureté et le compromis, la fin et les moyens est un sujet permanent. Une immense majorité d'élus se rêvent en Cyrano, sauf peut-être ceux qui sont exclusivement attirés par les jeux partisans (et encore, même ceux-là ont des motivations souvent nobles) et tous, ou presque, nous finissons, au mieux, en Guiche lucides sur les limites de l'action publique, de l'action collective, de la réussite politique.

Heureusement, Rostand décrit un Guiche de plus en plus estimable au fur et à mesure que l'action se déroule. Non pas qu'il ressemble à Cyrano, le panache lui fera toujours défaut, mais sa lucidité et son apaisement lui donnent une forme de grandeur qui ferait honneur à bien des responsables politiques.

Le panache.

Panache et monuments

Quelque chose que, sans un pli, sans une tache / J'emporte malgré vous, et c'est... c'est ?... Mon panache.

Le « panache », c'est la signature de Cyrano. Pas seulement l'assemblage de plumes sur son chapeau mais comme nous dit Le Petit Larousse : l'éclat, le brio, la bravoure gratuite pleine d'élégance et d'allant. Je ne sais pas exactement quand le sens figuré a émergé en français mais je pense que Cyrano y est pour quelque chose ; en revanche je sais que panache est passé aussi en anglais où il apparaît pour la première fois en 1898... dans la traduction de *Cyrano de Bergerac*. Comment le traduire sinon ? Il fallait bien rendre compte de quelque chose qui n'était ni l'ostentation, ni l'esbroufe, ni l'arrogance, mais un peu de tout cela et beaucoup d'autres choses encore. C'est le panache qui fait de Cyrano un personnage si incroyablement français et qui explique peut-être pourquoi de Gaulle l'aimait tant.

Il faut se souvenir de l'incroyable triomphe de la pièce, créée pour la première fois en 1897, soit sept ans après la naissance du Général. La France rumine encore la défaite de 1870. La République, à peine installée, connaît les crises politiques, les attentats anarchistes, les scandales financiers. Et vient Rostand, qui propose au public une pièce de facture classique qui raconte une histoire pleine

d'humour et d'héroïsme, exalte les grands sentiments, l'idéal et ce fameux panache dont les Français aiment croire qu'il les caractérise. Cyrano
est frondeur ; raisonneur cartésien mais ami des
poètes ; mousquetaire du grand siècle d'un classicisme absolu dont le cœur aurait pourtant été forgé
dans le romantisme du XIXe ; fin et truculent ;
homme de lettres et d'épée dans une France mère
des arts, des armes (et des lois) ; fidèle et loyal au
point de mentir et de dissimuler à tous, pendant
quinze ans, son amour. Avec ses aspirations à la
grandeur et à la perfection et l'amère conscience de
ses faiblesses, Cyrano est aussi français que d'Artagnan ; il est la France. L'œuvre de Rostand récon-
cilie un temps les Français avec eux-mêmes.

On comprend que ce texte ait fait vibrer le jeune
Charles de Gaulle et l'ait, peut-être, inspiré sa vie
durant. S'il est bien une chose dont ne voulut
jamais se départir l'orgueilleux chef de la France
libre, c'est le « panache », en effet. Cela fera partie
de son grand malentendu avec les Anglo-Saxons
qui confondaient cela avec l' « arrogance ». Mais
de Gaulle n'est pas Cyrano : chez lui la bravoure
n'est jamais gratuite et le panache ne se confond
pas avec la seule beauté du geste. L'une et l'autre
sont au service d'une fin ultime : la réussite d'un
projet politique. C'est parce qu'on est seul, faible

et isolé en juin 40, qu'on se doit d'être intransigeant : c'est le seul moyen d'exister. Dans les années 60, c'est parce que la France n'est plus une grande puissance qu'elle doit avoir une politique de grandeur.

Le grand morceau de bravoure du Ve acte, c'est évidemment la mort de Cyrano, debout, l'épée à la main et le panache à l'âme. Une mort sans prière, un combat perdu d'avance : « Mais on ne se bat pas dans l'espoir du succès ! Non ! Non, c'est bien plus beau lorsque c'est inutile ! ». Le Général était trop réaliste – on le lui aura suffisamment reproché – pour s'obstiner à des combats inutiles. Et je ne peux m'empêcher de penser qu'il a médité ce V^e acte le soir du 27 avril 1969, en constatant l'échec du référendum sur la réforme du Sénat et la Régionalisation. Le lendemain il publiait un communiqué, sublime de concision : « Je cesse d'exercer mes fonctions de Président de la République. Cette décision prend effet aujourd'hui à midi. » Le réalisme, parce qu'il n'est pas Cyrano. Et le panache, parce qu'il aurait peut-être aimé l'être.

Il va en Irlande. Des photos feront le tour du monde où on le voit arpenter avec Mme de Gaulle la lande balayée par le vent, s'appuyant sur une canne comme Cyrano sur son épée. Il marche pour se regarder, pour être, comme il le dit au président irlandais Eamon de Valera, « face à lui-même ». Qui voyait-il, au crépuscule de sa vie ? Guiche ou Cyrano ? Antigone ou Créon ?

Il fallait du courage à Rappeneau pour porter à l'écran une pièce – en vers ! – considérée par certains, je l'ai dit, comme assez mineure et, en tout cas si étrangère à notre modernité. Il fallait le jeu de Depardieu, l'adaptation de Jean-Claude Carrière et la musique de Jean-Claude Petit pour en faire le succès qu'on connaît. Gérard Depardieu, qui l'avait découverte à cette occasion, avait dit qu'en la lisant, on pouvait se sentir « fier d'être français ». On a beaucoup critiqué, ces dernières années, telle ou telle prise de position de Depardieu et beaucoup glosé sur ses tribulations fiscales et d'état civil. Ce fut même à la mode, pendant quelques semaines, y compris chez les politiques. Mais je l'avoue, je serai toujours enclin à pardonner les excès d'un homme qui est un immense acteur, qui a fait un jour cette déclaration, et grâce à qui j'ai redécouvert Cyrano de Bergerac.

« À quoi sert le cinéma, s'il vient après la littérature ? » s'était un jour demandé Jean-Luc Godard. À faire œuvre de création originale sans doute mais aussi, après tout, à rendre compte de l'existence et

du préalable qu'a été et que sera longtemps la littérature pour l'image.

Ainsi d'Hugo. Robert Hossein et Lino Ventura
me l'ont fait découvrir. J'avais onze ou douze ans,
et j'avais adoré *Les Misérables*, une des plus belles
adaptations cinématographiques du livre. Le souffle
épique, le romantisme des barricades, la rédemption d'un homme, tout m'impressionnait. Je me
rêvais Gavroche ou en révolutionnaire (trente-cinq
ans plus tard, je suis bien obligé de constater mon
échec total de ce point de vue). Je m'imaginais vivre
dans le corps de l'Éléphant de la Bastille, séparé de
mes parents par la force des choses mais libre et
audacieux. Je ne pouvais pas en rester là. Je me suis
donc lancé, c'est le mot, dans les trois tomes d'une
édition de poche que j'ai conservée depuis et qui
me suit dans toutes les bibliothèques de mes appar-
tements successifs. Difficile à onze ans de lire la
version complète des *Misérables*. L'histoire me passionnait mais les développements longs et parfois
éloignés de l'intrigue principale rendaient délicate
la concentration.

Je me souviens de la surprise que j'ai éprouvée
à la lecture de la bataille de Waterloo. Je n'avais
jamais imaginé que l'on puisse raconter une bataille
dans un vrai livre, un livre d'adulte. Je me souviens
m'être endormi plusieurs fois sur le livre, mais je

l'ai terminé. Je savais que c'était un peu difficile pour quelqu'un de mon âge. Et cela faisait sans doute partie des raisons qui me conduisaient à m'accrocher. On fait parfois des choses difficiles autant parce qu'elles sont belles que pour vérifier qu'on en est capable.

Mon père m'avait dit, du ton définitif que peuvent avoir les adultes – et les intellectuels plus encore – lorsqu'ils sont certains d'avoir raison, qu'on ne faisait pas mieux que les trente premières pages des *Misérables* en termes de consistance des personnages. Je dois reconnaître que depuis ma première lecture, je cherche chez tous les hommes d'Église que je croise la figure de l'évêque de Digne, Mgr Myriel. Je ne suis pas certain de l'avoir souvent trouvée. Mais lorsque dans ma vie personnelle, amicale ou professionnelle, je rencontre quelqu'un chez qui je devine un esprit et un caractère profondément juste et bon, je salue en silence Hugo, en me disant que son Myriel a fait des petits.

Et je pense à mon père, en me disant qu'il avait raison.

J'ai relu *Les Misérables* deux fois depuis cette découverte. Comme *Les Trois Mousquetaires*, ou comme *Vingt ans après*, je me suis promis de le relire tous les dix ou quinze ans. Et j'avoue désormais jubiler lorsque j'évoque cette passion, nourrie depuis l'enfance et qui ne fait au fond que se renforcer, et que je devine, chez des interlocuteurs lettrés et parfois sincèrement amoureux de la littérature, les sourires étonnés, amusés, voire dédaigneux, devant ces deux sommets qui ont pour seul défaut d'être justement cela, des sommets, reconnaissables par tous et donc probablement trop peu mystérieux.

L'œuvre est si présente dans la psyché nationale qu'on n'y voit bien souvent plus qu'un succès ou un symbole. Un peu comme Venise, cette ville pittoresque des amoureux et des gondoliers dont on oublie qu'elle a été une république cruelle, rapace et raffinée. Je ne suis pas certain, du coup, qu'on étudie ou même qu'on présente aux lycéens, ou aux étudiants en lettres, Hugo ou Dumas, qui se trouvent comme ainsi dire étouffés par leur succès populaire, qui les condamne dans le même mouvement à la gloire nationale et à l'indifférence intellectuelle.

Mais peut-être suis-je trop pessimiste.

Un sondage (février 2015) réalisé pour le *Magazine Littéraire* demandait aux Français quel était l'écrivain qui incarnait le mieux la France, sa culture et sa langue, tant dans notre pays qu'à l'étranger. La réponse était une fois de plus sans appel : Victor Hugo pour 63 % d'entre eux. Hugo, évidemment. « Hugo, hélas... » aurait répondu Gide. Il pensait moins au romancier qu'au poète, dont je ne sais plus qui écrivit que les vers hésitaient quelquefois entre le grotesque et le sublime... Il faut bien entendu se méfier des sondages. Surtout quand ils sont bons. Ils expriment bien souvent un consensus plutôt qu'un choix. C'est vrai en politique comme en littérature, même si les sondages portent plus souvent sur l'un que sur l'autre.

Hugo donc. Plutôt que Ronsard ou Rabelais, trop anciens, que Corneille ou Racine, trop classiques, que Dumas, trop populaire, que Proust, trop aimable, ou que Céline, trop peu aimable.

Hugo. Prolifique, romancier, dramaturge, poète, essayiste. Intellectuel engagé, avant même que le concept ne soit forgé. Construction politique d'un pays qui n'aime rien tant que cesser de se déchirer, un instant, pour célébrer le grand homme qui rassemble.

Hugo qui, avec *Les Misérables*, construit un monument. Rien de tel pour commencer une aventure. Comme disait Cyrano : « Ce monument, quand le visite-t-on ? » Il suffit d'entrer. Tout y est. Accessible. Universel. Les Thénardier et leur laideur. Cosette et son besoin d'aimer parce que sa mère est partie. Javert, tiraillé entre son sens du devoir et la justice. Et Valjean, l'Homme avec un grand H, dont on dit qu'il fut inspiré à Hugo par l'histoire, vraie, d'un notable havrais, dont la tombe se trouve au cimetière de Graville, au Havre, qui, après avoir fait fortune dans le négoce et épousé la fille d'un des plus prospères négociants de la place, avait été démasqué par un ancien compagnon de bagne, ruiné et déshonoré.

Deux découvertes majeures grâce au cinéma.

Il n'en fallait pas plus pour me convaincre que dans une politique de la lecture, l'adaptation cinématographique avait toute sa place pour séduire de nouveaux publics et les amener au livre.

Amener à la lecture et à la connaissance des œuvres par le cinéma, comme je l'ai moi-même été pour *Cyrano* ou pour *Les Misérables* : l'idée s'est donc assez vite imposée quand j'ai voulu réfléchir à ce que serait une politique de la lecture au Havre.

Lorsque le plan « Lire au Havre » a été engagé, en 2012, nous avons placé au centre du dispositif un festival littéraire, intitulé Le Goût des Autres, dont l'objet était double : donner envie de lire, découvrir des auteurs, des aventures, des regards et montrer combien la littérature est un moyen précieux d'appréhender l'altérité. Pour cela nous avons favorisé les regards croisés et la croisée des genres. Au fil des années, nous avons consacré les éditions successives du festival à des thèmes tels que la négritude, le rire, la réconciliation, l'amitié, les nouveaux mondes. En nous interrogeant sur les regards, semblables et différents, portés par les auteurs français et allemands sur la Grande Guerre, en découvrant comment des écrivains, des comédiens, des illustrateurs, des danseurs ou des plasticiens pouvaient traiter le même thème.

Ne pas s'enfermer dans le culte du livre-objet, ne pas hésiter à emprunter les chemins de traverse, entretenir sans cesse le dialogue entre les formes diverses que prend la création : voilà sans doute une des conditions d'une politique publique « de la lecture ». Ou alors on prend le risque de ne jamais aimer *Cyrano*.

7.

Ça peut pas faire de mal

Saint Augustin, évêque d'Hippone, vécut au tournant des IVe et Ve siècles de notre ère. Il était africain, d'origine berbère et carthaginoise. Un Romain. Il est considéré comme un des Pères de l'Église et son influence a été considérable sur le christianisme naissant, donc sur la Chrétienté et donc, en fin de compte et indirectement, sur l'histoire des idées en Europe.

Autant être franc tout de suite : je n'ai jamais lu saint Augustin. Je sais que *La Cité de Dieu* est un œuvre importante et pas seulement d'un point de vue théologique. Je sais que *Les Confessions* sont un grand texte, assez beau et « actuel » pour que Gérard Depardieu en ait donné des lectures publiques, il y a quelques années. Je sais enfin que mon grand-père maternel lisait *Les Confessions* quand il était prisonnier en Autriche, pendant la Seconde Guerre mondiale. Il restera toujours des milliers d'œuvres à découvrir, d'univers à aborder et de mondes à explorer. On sait que ces livres existent et qu'ils en valent la peine. On attend le bon moment, l'envie, l'occasion. On les lira un jour. Peut-être.

Ce que je sais de saint Augustin et de son rapport à la lecture, je le tiens donc d'une autre source : une passionnante et très érudite *Histoire de la lecture* d'Alberto Manguel, parue chez Actes Sud en 1998. Augustin était un lettré, un maître de rhétorique. Il se convertira assez tard, après avoir rencontré l'évêque de Milan, le futur saint Ambroise. Ambroise, rhénan né à Trèves, peut-être d'origine gauloise ou germanique. Un Romain, lui aussi. C'est Ambroise qui enseignera à Augustin qu'il y a une lecture symbolique de la Bible, plus importante que la lecture littérale et qui permet, écrira Augustin, de dépasser les récits « grossiers et immoraux » présents dans la Bible. Mais c'est une autre histoire même si on peut y trouver, à mon avis, une leçon pour notre époque et pour bien des religions.

Revenons à Augustin et ce qu'il écrit dans *Les Confessions* de sa rencontre avec Ambroise

de Milan. Cela vaut la peine d'être cité inté-
gralement et cela mérite aussi qu'on s'y arrête :
« Quand il lisait, ses yeux parcouraient la page et
son cœur examinait la signification, mais sa voix
restait muette et sa langue immobile. N'importe
qui pouvait l'approcher librement et les visiteurs
n'étaient en général pas annoncés, si bien que souvent, lorsque nous venions lui rendre visite, nous
le trouvions occupé à lire ainsi en silence, car il ne
lisait jamais à haute voix. »

Oui, Ambroise lit en silence.

Augustin, et aucun de ses contemporains sans
doute, n'avait jamais vu une chose aussi singu-
lière et surprenante. Preuve en est qu'il éprouve le
besoin de la noter, d'en faire état. Et même de la
décrire ! L'attitude si banale et si habituelle pour
nous – la plus commune en fait – qui consiste à
lire sans bruit, sans même bouger les lèvres, n'exis-
tait pas, ou était rarissime, à l'époque d'Augustin.

Cet exercice inouï et admirable, cette discipline
mentale et spirituelle d'un homme d'Église capable
d'aller en dedans de soi-même pour méditer inti-
mement les textes qu'il lisait, nous les pratiquons
tous aujourd'hui sans y penser. Lire à haute voix
n'est plus au fond, aujourd'hui, réservé qu'aux
moines pendant les déjeuners et aux enfants qui
apprennent à lire.

Des hommes qui lisent

Il y a plusieurs façons de lire et d'accéder aux textes. Nous avons bien souvent une représentation traditionnelle de la lecture faite d'objets – les livres imprimés –, d'odeurs – de l'encre ou des reliures –, de silence et de tête-à-tête intime avec un auteur. Nous nous reconnaissons tous dans le Julien Sorel du premier chapitre du *Rouge et le Noir*, si absorbé par sa lecture du *Mémorial de Sainte-Hélène* qu'il n'entend rien d'autre. Mais cette représentation n'est-elle pas déjà dépassée ?

J'ai commencé à me poser la question à propos de *Cendrillon*.

Ma fille avait deux ans. Elle aimait déjà les livres. La lecture d'une courte histoire dans les bras de sa mère ou dans les miens a fait très tôt partie de ses rituels et plaisirs indispensables. Elle parlait à peine, mais comprenait déjà ce qu'on lui lisait. Imitant sans doute ses parents et ses grands frères, elle lisait dans son lit avant de s'endormir. Elle lisait sans savoir lire, mais elle reproduisait la lecture : un livre, dont on tourne les pages, qui permet de raconter une histoire.

Et puis elle a découvert les livres numériques. *Cendrillon*[1] a ouvert le bal et *Les Trois Petits Cochons* ont suivi. Sur mon IPhone, sur celui de sa

---

1. *Cendrillon*, Éditions Gallimard, application IPhone.

mère, elle s'est lancée dans des livres numériques, remarquablement pensés et réalisés, mêlant textes, dessins, jeux, musique, mais relevant clairement de la logique de la lecture. La facilité avec laquelle une enfant parlant à peine s'est engagée dans la consultation de ces livres et dans l'envie de lire, complémentaire évidemment des histoires qu'elle entendait, laisse à penser que la lecture, dès le plus jeune âge et ensuite, ne doit pas forcément être cantonnée au livre physique et imprimé.

J'ai réalisé que ma représentation traditionnelle de la lecture avait changé, que la lecture n'était pas seulement l'entretien silencieux et exclusif d'un auteur avec son lecteur, quand mon deuxième fils – il avait alors dix ans – m'a un jour déclaré abruptement : « *Faust*, c'est vachement bien ! ».

Le *Faust* de Goethe. Celui que je n'ai pas plus lu que je n'ai lu saint Augustin. J'étais bien certain que mon fils ne l'avait pas lu.

Mais il se trouve que lorsque je conduis, je lis ou plus exactement j'écoute des livres qui me sont lus par d'autres. Il y a quelques années j'achetais des CD et aujourd'hui je célèbre presque quotidiennement la révolution numérique qui permet de télécharger des podcast donnant accès à un choix presque infini de références. Les discours de Malraux, les livres de Simon Sebag Montefiore sur

Staline, la série exceptionnelle de Mike Duncan sur l'histoire de Rome. Je profite de mes heures de conduite pour apprendre, pour découvrir dans un plaisir qui n'est pas exactement celui de la lecture mais qui y ressemble. C'est d'ailleurs comme ça que j'ai découvert Guillaume Gallienne.

Je l'avais rencontré la première fois, invité par un ami commun, lors d'un dîner. C'est peu de dire qu'il avait illuminé la table. Drôle, passant en un instant de l'érudition à la trivialité, de la démonstration éclatante de son talent à l'aveu d'une faiblesse ridicule, nous étions tous fascinés. Si vous n'avez jamais vu quelqu'un transformer, par la seule grâce de sa narration et par quelques gestes de la main admirablement tournés, un dîner parisien en cours de flamenco, profitez de toutes les occasions qui pourraient vous être données de dîner avec lui. Admiratif et charmé, j'attendais avec impatience la sortie de son film (*Les Garçons et Guillaume, à table !*) pour faire plus ample connaissance avec ce talent.

Et là, l'accident. Dans le premier quart d'heure du film, il décrit La Línea de la Concepción, ville d'Andalousie où il est envoyé en vacances et où il apprendra le flamenco, comme « Le Havre, en plus moche ». En une phrase il ruine le travail patient, méticuleux et permanent d'un grand nombre de Havrais, depuis des années, pour changer l'image de la ville et la montrer telle qu'elle est et non pas telle qu'on s'en souvient ou qu'on l'imagine. Ça fait rire, partout. Mais dans les cinémas du Havre, les gens s'insurgent. On n'imagine pas le nombre de courriers que j'ai reçus de Havrais me demandant de porter plainte, ou quasiment, contre ce blanc-bec – et Parisien en plus ! – qui pensait pouvoir impunément dire du mal de notre ville.

Il va sans dire que j'ai aimé le film, et que la seule mesure de rétorsion que j'ai envisagée était de lancer une invitation à Guillaume Gallienne pour qu'il vienne voir, de ses yeux, ce qu'était une ville portuaire, classée au patrimoine mondial de l'humanité par l'Unesco et dont la fréquentation touristique est en croissance forte et continue.

Mais là n'est pas l'essentiel. L'essentiel, c'est que depuis 2009 Guillaume Gallienne lit, tout haut, sur France Inter. Roman, théâtre, poésie, tout ou presque peut y passer. En quarante-huit minutes d'extraits choisis, seulement entrecoupés de résumés ou de pauses musicales (remarquablement choisies elles aussi), Gallienne raconte *La Curée*, *La Reine Margot*, l'œuvre poétique de René Char, *Le docteur Jivago*, les *Poèmes à Lou* d'Apollinaire… Et depuis que Gallienne lit tout haut sur France Inter, la période de quarante-huit minutes est devenue mon unité de mesure du déplacement automobile.

111

Des hommes qui lisent

Je me souviens d'un retour de vacances avec mes deux garçons (le reste de la famille rentrait en train), où nous avons écouté, dans la foulée, *Les Trois Mousquetaires*, *Le Comte de Monte Cristo* et *La Reine Margot*. À neuf ans et onze ans, mes fils étaient captivés. Ils n'ont pas encore lu ces trois livres (et je les envie presque d'avoir la chance de pouvoir les découvrir bientôt), mais ils ont eu leur premier contact avec des histoires denses, sombres, racontées par une voix sublime et dans une langue riche et belle. Et plus récemment, parce qu'ils savent qu'ils aiment écouter Gallienne, nous sommes passés à des textes a priori moins séduisants pour des enfants.

Voilà que les aventures de Faust, de Marguerite et de Méphistophélès passionnent mes garçons et que, en définitive, « *Faust*, c'est vachement bien ! ».

Ceux qui « écoutent » des lectures sont-ils donc déjà des lecteurs ? Oui, d'une certaine façon. Mais ce n'est sans doute pas suffisant. C'est une façon d'accéder aux textes, et il faut en user de plus en plus. Mais « transformer » un enfant en lecteur demande autre chose. On se reportera d'ailleurs sur cette question à *Freakonomics*, l'ouvrage magistral[1], qui pourrait réconcilier tous les étudiants

---

1. Levitt, Steven D. and Dubner, Stephen J. : *Freakonomics. A Rogue Economist Explores the Hidden Side of Everything*, William Morrow, 2005.

du monde (en tout cas ceux qui ont de l'humour) avec la science économique. *Freakonomics*, cela veut dire quelque chose comme « l'économie far-felue » et ce livre, écrit par un économiste et un journaliste américain, est d'une drôlerie irrésistible, analysant par exemple les tricheries dans les com-bats de sumo, ou expliquant pourquoi la plupart des dealers de drogue habitent encore chez leur maman. Drôle, mais très sérieux, dans le fond. Les auteurs étudient le lien entre le goût pour la lec-ture des enfants, les efforts réalisés par les parents pour développer ce goût et la réussite scolaire des enfants. Le résultat n'est guère surprenant : plus les parents ont des livres chez eux, mieux les enfants réussissent à l'école. Mais là où l'étude devient plus intéressante, et plus redoutable, c'est que lire à des enfants, tous les soirs, des livres, n'a à peu près aucun impact mesurable sur leur réussite sco-laire ! Conclusion des auteurs : dans le fond, si les parents ont une influence sur leurs enfants, ce n'est pas par ce qu'ils font mais par ce qu'ils sont.

Je n'ai guère de doute que les Havrais qui viennent assister aux lectures organisées régulière-ment au Havre, au cours desquelles des comédiens, et parfois des auteurs, viennent lire dans une salle d'environ cinq cents places le livre qu'ils ont choisi de faire découvrir au public, sont déjà des lecteurs.

Et on ne va pas s'en plaindre ! Et même s'ils sont déjà lecteurs, ils peuvent découvrir des livres qu'ils ne connaissaient pas, et même parfois envisager des livres qu'ils connaissaient déjà sous des angles nouveaux.

Mais il arrive, parce que nous rusons ou parce que nous avons de la chance, que des accidents se produisent.

L'ouverture de la première édition du Goût des Autres, en janvier 2012, a donné lieu à un de ces moments étonnants. Personne au Havre ne savait très bien ce que serait ce festival. Et la programmation avait de quoi étonner puisqu'étaient prévus dans le même lieu, après le discours du maire – ce n'était pas la partie étonnante de la programmation mais je vous assure j'ai savouré mon effet –, d'abord une lecture, puis un concert. La salle était comble. Cinq cents à six cents personnes, dont une bonne moitié venue pour écouter l'Orchestre National de Barbès et une autre moitié plutôt intéressée par l'acteur et réalisateur Éric Caravaca. À la réflexion, il y en avait peut-être une troisième moitié qui était intéressée par les deux. Il y a toujours une part de mystère dans les miracles. Car j'ai assisté ce soir-là à un miracle, un vrai miracle : imaginez une salle bigarrée, comme peuvent l'être les salles en France et encore plus au Havre lorsqu'il s'agit de culture et que l'Orchestre National de Barbès vient donner un concert. Un public bigarré donc, et familial. Populaire au meilleur sens du terme (pour autant qu'il en existe un qui soit désagréable). Et imaginez l'effet d'une lecture proposée par un acteur, seul, sur scène, habillé de noir, dans une salle seulement éclairée par une lampe de bureau sur laquelle sont posés les extraits de *L'Étranger*, de Camus, que Caravaca commence à lire.

Je l'avais lu, *L'Étranger*. Il y a longtemps. J'avais préféré *La Peste*. Je me souvenais de l'histoire, de : « Aujourd'hui maman est morte. » Mais j'avais oublié : « Ou peut-être hier, je ne sais pas. » Surtout j'avais totalement omis la différence entre la lecture du texte à voix haute, en public, et celle qui avait été la mienne, dans le silence du lecteur solitaire. Un peu le choc inverse de saint Augustin découvrant qu'Ambroise lisait en silence.

Imaginez l'effet que produit la lecture de ce texte écrit à la première personne quand il y est dit qu'il va tuer l'Arabe. La langue de Camus est précise, froide, presque clinique. Et le silence dans la salle. J'y ai repensé, deux ans après, sans rien en dire, sur le plateau d'« On n'est pas couché ». J'y étais le « politique de service », mais Laurent Ruquier avait aussi invité Kamel Daoud, l'auteur de *Meursault, contre-enquête*. Un Algérien lui aussi, comme saint

Augustin et comme Camus, dont le livre redonnait vie et visage à « l'Arabe » anonyme de *L'Étranger*. Je me souviens de sa voix elle aussi précise et froide, qui disait sans passion apparente que l'Homme ne serait pas réhabilité dans le monde musulman tant que la question religieuse ne serait pas tranchée.

Quand on a l'habitude de faire des discours, et probablement quand on a l'habitude d'être sur scène, on apprend à mesurer l'intensité de l'attention portée à vos propos par la qualité du silence qui règne dans une salle. Ça ne trompe jamais. Ce soir-là de janvier 2012, alors qu'il y avait des enfants, petits, qui ne savaient pas qui était Camus, le silence était total. Cinq cents personnes tour à tour sur la plage, sous un soleil brûlant, dans la cour d'assises puis dans la cellule. Cinq cents personnes dont j'imagine que beaucoup d'entre elles n'avaient pas lu Camus.

Je ne sais pas si elles l'ont lu depuis. Je n'en suis évidemment pas certain. Mais elles auront accédé à ce texte. Faire accéder aux œuvres, d'abord. Voilà l'essentiel.

Ne pas sous-estimer la réticence, voire la peur, que peuvent susciter chez quelqu'un qui n'y est pas habitué la vue d'un livre, l'épaisseur de ses pages, la difficulté des mots rencontrés, l'effort de se couper du monde et de s'absorber silencieusement dans la lecture. Ne pas penser qu'il va s'y plonger immédiatement, comme par miracle, y nager sans bouée et y prendre du plaisir.

Utiliser tous les moyens pour l'y amener. Lui dire que ce n'est pas grave de ne lire qu'une page ou deux, d'abandonner et de reprendre plus tard. L'y accoutumer, doucement, comme on prend le temps d'apprivoiser le bonheur. Par la lecture à voix haute et les lectures publiques, par les spectacles, par le jeu et par les livres audio. Par les tablettes et les smartphones, comme le fait La Machine à Lire, le projet d'Alain Bentolila que nous testons depuis le début de 2014 dans des écoles havraises.

Et on finit par aimer *Cendrillon* et *Les Trois Mousquetaires*. Et un jour on s'exclame : « *Faust*, c'est vachement bien ! » Et un jour on découvrira Camus.

Ce genre de surprise, ce genre de découverte, ça peut pas faire de mal, comme dirait Guillaume Gallienne...

8.

Arsenal

J'aime Rome.

J'aime l'histoire romaine, pour laquelle je me passionne. L'histoire d'une petite cité qui construira un empire immense, durable, intégré. Une épopée politique, militaire, administrative et culturelle. On peut bien sûr (il faut d'ailleurs) commencer à se faire une idée de la grandeur et du miracle romain en visitant la ville, mais on ne peut en saisir l'immensité qu'en lisant en savourant l'écriture merveilleuse d'un Edward Gibbon ou en jubilant avec l'érudition impertinente d'un Lucien Jerphagnon.

J'aime aussi la ville. Pour tellement de raisons qu'il faudrait un livre à part pour les décrire.

119

Et à Rome, j'aime une femme. Je la retrouve à chaque fois que je m'y rends. Elle m'attend, assise sur un banc, sur lequel elle a posé son chapeau et ses trois livres.

Elena Vecchi, immortalisée par le peintre Vittorio Corcos, m'attend depuis 1896. Avec son regard déterminé et son menton sur son poing, les jambes croisées, moderne en dépit d'une robe d'un autre temps. Et trois livres, jaunes, empilés juste à côté d'elle.

La première fois que je l'ai vue, au musée d'art moderne de Rome, je me suis rendu compte que je la connaissais déjà. Elle avait déjà séduit beaucoup d'autres que moi, et notamment Laure Adler et Stefan Bollmann, qui avaient choisi son portrait pour illustrer la couverture d'un livre passionnant, sorti en 2006 : *Les femmes qui lisent sont dangereuses.*

Pour Laure Adler, « il y a une manière particulière des femmes d'aimer les livres [...] et même de considérer à certains moments de leur existence que vivre c'est lire ». Je ne sais pas si c'est vrai. Je ne suis pas une femme et l'ennui avec ce genre d'assertion formulée par une femme, c'est qu'un homme peut difficilement la critiquer sans s'exposer au fait, incontestable et durable, qu'il n'est pas une femme et que donc il ne sait pas. Il peut, le cas échéant, en étant prudent, faire remarquer qu'il y a sans doute bon nombre d'hommes qui pourraient dire la même chose, et sans doute bon nombre de femmes qui ne seraient pas d'accord. Mais là n'est pas la question. Le livre est remarquable, et d'autant plus remarquable qu'il m'a ouvert les yeux sur mon sexisme littéraire. Je me suis rendu compte que je lisais très peu de livres écrit par des femmes. Et quand je dis très peu, c'est effectivement très peu. J'encourage tous les lecteurs masculins à se poser la question. Certains vont avoir des surprises.

Pour les auteurs de ce livre, la lecture a donc été pour les femmes au cours de l'histoire un acte libérateur, et même subversif en des temps où elles étaient juridiquement et socialement minorées. C'est encore aujourd'hui le cas, là où les mentalités n'ont pas évolué, là où des femmes sont les premières victimes de l'obscurantisme, comme le rappelle Taslima Nasreen : « Parce que lire des livres permet aux gens de changer, de penser par eux-mêmes, les mentalités peuvent évoluer. Les religieux peuvent ouvrir les yeux, et les misogynes, rejoindre la cause des femmes. Un livre est une arme redoutable qui peut faire changer les esprits. Ce que je ne peux pas faire avec des couteaux ou des pistolets. »

Accéder à la lecture, c'est se doter d'une arme formidable : le droit d'imaginer, le droit de penser par soi-même et le droit de savoir.

Et puis quelqu'un m'a rappelé que « Le Savoir est une Arme » est un des leitmotive des textes de rap. C'est même, sous l'acronyme LSA, une marque de vêtements des rappeurs du label de Médine.

Passer de la cause des femmes au rap, c'est-à-dire à un genre d'expression dont les textes se caractérisent souvent par leur violence et qui sont assez peu marqués par le souci de l'émancipation féminine – c'est une litote – paraît saugrenu. Nous sommes pourtant en plein dans le sujet.

« Médine » n'est pas qu'une ville. Médine est un rappeur havrais, d'un quartier, Caucriauville, qui a vu naître d'ailleurs plusieurs groupes. Il est attaché à sa ville et il a écrit un morceau qui en témoigne avec une certaine tendresse. Ses textes jouent de tous les codes d'un certain rap : nous vivons dans des ghettos ; après avoir colonisé nos parents, la France nous déteste, nous, fils d'immigrés ; et la République nous opprime en tant que musulmans. Les communistes adorent ce pourfendeur de la laïcité républicaine et l'invitent à la Fête de l'Humanité : j'ai renoncé depuis longtemps à comprendre toutes les positions du Parti communiste. Bref, une figure havraise, et largement connue au-delà du Havre... dont rétrospectivement j'ai honte de dire qu'à une certaine époque je n'avais pas entendu parler. Un ami commun nous ayant présentés à je ne sais quelle occasion, mon ignorance, et ma méconnaissance du rap en général, apparurent au grand jour. Médine en fut probablement mortifié et ne manqua pas de faire savoir qu'il faisait sans doute plus pour le rayonnement du Havre avec sa musique, que moi en tant que maire de la ville. Il avait peut-être raison.

Il avait en tout cas raison sur un point : j'aurais dû le connaître.

Il se trouve qu'en ce temps-là Médine écrivait un livre avec un géopolitologue avec lequel j'ai assez peu d'affinités, qui avait notamment écrit sur la géopolitique du football. Toujours est-il que notre intellectuel, qui ne me connaissait pas, prit la peine de publier dans la presse une « Lettre ouverte au maire du Havre » dans laquelle il fustigeait mon attitude et laissait entendre qu'elle pouvait être motivée par le fait que Médine était issu des quartiers populaires, barbu et musulman... On dit quelquefois que le racisme est fondé sur l'ignorance. Dans mon cas, c'était encore plus grave : c'est le racisme qui expliquait l'ignorance.

Ce n'était pas la première fois que j'étais confronté à la mauvaise foi et aux attaques gratuites. Ce ne sera pas la dernière. Mais ce fut mon premier contact indirect, et conflictuel bien malgré moi, avec le monde du rap.

Si j'évoque cette anecdote, c'est qu'elle m'a conforté dans ma conviction du pouvoir des mots et des textes. J'en sais dorénavant un peu plus. Oui, la scène du rap est diverse et le rap lui-même est plus complexe qu'on ne dit (et Médine aussi, probablement) ; non, il n'est pas fait uniquement de messages de haine et d'appels à la violence. Mais surtout – oublions un instant les messages qu'il porte – il a marqué un formidable retour du texte travaillé et écrit dans la production musicale française.

Je n'avance évidemment pas que les textes des rappeurs valent ceux des plus grands écrivains ; ce serait ridicule, et eux-mêmes n'ont pas cette prétention. Mais il y a là un travail conscient sur la langue et la recherche d'une esthétique, qu'on l'apprécie ou non. Et que le travail sur les mots, sur les rimes appelle forcément le goût de la lecture.

Oui, un livre est une arme chargée.

Certains ont été écrits dans le but de tuer, comme *Mein Kampf.* Et les jeunes lancés par Mao contre le Parti, pendant la Révolution culturelle, brandissaient le *Petit Livre Rouge* comme ils auraient fait d'une grenade destinée à faire exploser le monde.

Arsenal

D'autres ne sont que des armes par destination, ni bons ni mauvais en soi. Hitler, qui était un lecteur compulsif, et peu ordonné, avait accumulé une bibliothèque de seize mille ouvrages[1] : du roman d'aventures naïf aux biographies de personnages historiques en passant par des traités d'occultisme ; de l'ouvrage le plus sérieux et le plus objectif au libelle le plus délirant. Peut-être un ouvrage a priori innocent a-t-il contribué, un jour de son enfance, à faire de lui le génie du mal qu'il est devenu.

Le savoir est une arme, une bibliothèque est un arsenal.

La révérence qu'il faudrait porter au livre, à la lecture et aux bibliothèques et à l'éducation ne doit pas faire oublier qu'il ne s'agit là que d'instruments. Et qu'un instrument n'est jamais que ce que veut en faire celui qui s'en sert.

---

1. *Dans la bibliothèque privée de Hitler*, Timothy Ryback, trad. de l'américain par Gilles Morris-Dumoulin, Le Cherche Midi.

9.

Voyage

Pendant très longtemps, j'ai eu beaucoup de mal à commencer le *Voyage au bout de la nuit*, sans doute parce que je ne savais pas très bien quoi en penser.

Quand on y songe, ne pas lire un livre parce qu'on ne sait pas très bien quoi en penser est assez navrant. La sagesse aurait sans doute été de le lire, puis d'essayer d'en penser quelque chose. C'est la méthode de Descartes telle qu'on avait tenté de me l'enseigner en classe de philo, en terminale. Première règle : « Ne recevoir jamais aucune chose pour vraie que je ne la connusse évidemment être telle. »

Vis-à-vis de Céline, je n'étais pas dans une disposition d'esprit cartésienne.

Était-ce l'antisémitisme de Céline qui me gênait ?

On m'en avait parlé, bien avant que je ne le lise. C'était du lourd, du garanti, de l'assumé, de l'obsessionnel, du répugnant. Pas de l'antijudaïsme religieux à la Voltaire, pas des préjugés idiots comme ceux de Maupassant visitant l'Afrique du Nord, pas de ces réticences honteuses qu'ont encore certaines vieilles personnes qui ne peuvent prononcer le mot « juif » mais préfèrent dire « israélite » d'un ton pincé. Non, de la détestation à l'état chimiquement pur. Une logorrhée, un torrent, une déjection, un vomissement de haine. Dès avant la Guerre ; et pendant, alors que les nazis avaient entrepris leurs massacres sur une échelle industrielle ; et même après.

Était-ce la violence des réactions qu'il suscitait chez ceux qui en parlaient et qui me disaient, pour les uns, combien le *Voyage* était exceptionnel, et pour d'autres, combien il était répugnant ? Je me souviens qu'une camarade de classe m'avait soutenu, avec horreur, que Céline était une forme de diarrhée verbale. Ma sœur m'avait dit, avec un sourire, que c'était probablement un hommage que Céline aurait apprécié.

Ou bien, peut-être, parce que je savais que ce livre avait été le premier que mon père avait offert à ma mère. À l'époque de mes études, les tensions entre lui et moi, normales sans doute entre un père intellectuel et lunaire et un fils ambitieux et rationaliste, ne me conduisaient pas spontanément à m'inscrire dans ses références culturelles. Voilà comment j'ai raté Flaubert. Il aura fallu que mon père meure pour que je me plonge dans *Salammbô*... Je ne sais pas si vingt ans est le plus bel âge de la vie, mais je sais que ce n'est pas forcément l'âge où on est le plus malin...

Heureusement pour moi, l'attrait du *Voyage* aura fini par être plus fort que ces préventions imbéciles.

Un jour, un peu par hasard, je me suis lancé. Et je n'ai pas été déçu. Je me souviens de l'arrivée à New York de Bardamu, parce que j'ai eu l'impression de vivre la même chose quand j'ai vu Manhattan la première fois : « Figurez-vous qu'elle était debout, leur ville, absolument droite. New-York c'est une ville debout. On en avait déjà vu nous des villes bien sûr, et des belles encore, et des ports et des fameux mêmes. Mais chez nous, n'est-ce pas, elles sont couchées les villes, au bord de la mer ou sur les fleuves [...] ». Je me souviens de ma jubilation quand j'ai compris que Céline pouvait, et même devait se lire à voix haute puis quand j'ai saisi ce qu'il y avait de travail et de souci d'écriture derrière ce style très « oral » et cette profusion verbale. Je me souviens avoir vu les tranchées et les villages brûlés du front : « Ça dure bien toute une nuit à brûler un village, même un petit, à la fin on dirait une fleur énorme, puis, rien qu'un bouton, puis plus rien. Ça fume et alors c'est le matin. » Je me souviens avoir réalisé ce que la langue française permettait de modernité, de rythme et de flamboyance sonore à un point que je ne soupçonnais pas jusqu'alors.

Et puis j'ai lu *Mort à crédit*, sa cadence haletante, ses évocations du Havre, ville d'où était originaire le père de Céline : « Au Havre, qu'il était né. Il savait tout sur les navires. » Il y avait encore de grands paquebots, en ce temps-là : « On discernait bien les navires, de cet endroit-là, les venues, les rencontres du port... C'était comme un vrai jeu magique... sur l'eau à remuer de tous les reflets... tous les hublots qui passent, qui viennent, qui scintillent encore... »

Céline avait failli avoir le Goncourt, en 1932, pour *Voyage au bout de la nuit*. Prudence d'un jury un peu effrayé par l'audace du style ? C'est un certain Guy Mazeline, bien oublié de nos jours, qui reçut le prix. Il se trouve qu'il était lui aussi havrais.

Quelques années après, j'ai encore lu un autre Céline : *Semmelweis*. C'est la version, à peine corrigée, de sa thèse de médecine : « La Vie et

l'Œuvre de Philippe Ignace Semmelweis », consacrée au médecin hongrois qui, confronté à des taux
de mortalité incompréhensibles chez les femmes
accouchant dans certaines cliniques de Vienne,
identifia la nécessité pour les médecins de se laver
les mains avant d'entrer en contact avec les partu-
rientes. L'idée, qui semble relever du bon sens dans
le monde d'après Pasteur, est tout sauf intuitive à
l'époque. Elle produit ses effets, la mortalité bais-
sant dans des proportions exceptionnelles là où elle
était anormalement élevée. Et pourtant, elle n'est
pas véritablement démontrée. Elle est en avance
sur son temps. Et elle vaut à Semmelweis non pas
l'admiration mais l'opprobre de la majorité du
corps médical. Il mourra rejeté de tous, des suites
des mauvais traitements subis dans l'hôpital psy-
chiatrique dans lequel il est interné.

Une thèse de médecine, certes, mais littéraire et
fascinante. Quand il la rédige, en 1924, Céline a
trente ans. Il a devancé l'appel en 1912, combattu
dès 1914, été blessé, obtenu la croix de guerre et la
médaille militaire, ce qui n'est pas exactement rien.
Il en est devenu antimilitariste et pacifiste comme
une grande partie de la génération de l'entre-deux-
guerres, traumatisée par la boucherie industrielle
que fut 14-18. Il faudra relever un jour le nombre
d'intellectuels des années trente que leur pacifisme

a mené, par l'acceptation de la défaite, vers la Collaboration… En 1919, après le service militaire et la guerre, il passe son bac. Il est déjà tout ce qu'il sera plus tard. Pessimiste, halluciné, anarchiste. Mais il choisit le métier de médecin. Médecin ! Il faut dire que j'ai pour cette corporation l'admiration respectueuse, inquiète et vaguement suspicieuse qui est celle, je le suppose, de la majorité des gens. Les médecins détiennent un savoir aussi mystérieux que celui des astrophysiciens ou des philologues mais qui est susceptible, lui, de nous concerner beaucoup plus directement et qu'ils protègent encore plus jalousement : ceux qui ont tenté de déchiffrer une ordonnance comprendront ce que je veux dire. Mais surtout, nous classons assez spontanément le corps médical dans la catégorie des activités altruistes et dignes d'une considération particulière, avec les infirmières, les pompiers, les religieux et les secouristes de haute montagne : ce sont des métiers de vocation, comme on dit. Des métiers que l'on imagine inspirés par l'empathie, par le besoin de comprendre, de tolérer, d'aider, d'aimer. Des métiers pour soigner les corps et les âmes. Bon. Ne tombons pas non plus dans l'idéalisation naïve : Mengele aussi était médecin, et il n'était pas le seul docteur à Auschwitz.

Voyage

Céline, lui, donne le sentiment de n'aimer personne : les Juifs qui déclenchent ses envolées les plus haineuses, les bourgeois ou le populo, les Allemands, les Français, les militaires, les curés, les femmes, Pétain, tous il les déteste. À la fin de sa vie, il consacrera une partie de sa détestation aux Asiatiques. Un bloc compact et vociférant de détestation universelle. Et peu glorieux avec ça. Petit, mesquin, avare. Se délectant des ragots du panier de crabes collaborationnistes à Sigmaringen. Obsédé par les lingots d'or qu'il a planqués au Danemark.

Et pourtant, il est médecin, et il aime sans doute soigner ceux qui en ont besoin.

Comment peut-on aimer Céline ?

Je me suis posé cette question en 2011, à l'occasion de la polémique provoquée par la célébration éventuelle du cinquantenaire de sa mort. Le ministère de la Culture arrête chaque année une liste de « célébrations nationales » pour valoriser, en les commémorant, les œuvres et les créations culturelles de notre histoire. C'est probablement une bonne idée. En 2011 l'événement avait figuré sur la liste jusqu'à ce que des protestations virulentes conduisent le ministre de l'époque à céder aux pressions et à l'en retirer. Aurais-je, à sa place, pris

133

la même décision ? Je ne crois pas. Mais je reste prudent dans l'expression de cette conviction : il est facile d'avoir un avis arrêté sur une question qui devient polémique quand on n'est pas au centre de la tempête médiatique. Quand elle se lève, qui peut être certain de raisonner encore à peu près juste ?

Je ne crois pas, cela dit, que j'aurais pris la même décision. Parce que Céline est un immense auteur, l'un des plus grands du XXe siècle et qu'en dépit de ses positions, son œuvre restera comme une des plus marquantes de la littérature française. S'agit-il de dire que la France et la République « rendent hommage » à un écrivain ? Ou de rappeler qu'un écrivain a, par son œuvre, révolutionné la littérature ? Dans ce dernier cas, faire figurer son nom sur une liste officielle est peut-être gênant, mais ne pas le faire figurer est ridicule. Assumons-le plutôt et tentons d'expliquer le profond malaise que suscite cette coexistence du génie et de l'abject plutôt que de faire mine de ne pas vouloir parler d'un sujet qui fâche. À l'évidence, le talent n'excuse ni la trahison, ni la haine, ni l'antisémitisme. Mais, on est bien obligé de reconnaître que ceux-ci n'interdisent pas le talent.

Et cette question, je continue à me la poser, régulièrement. À propos de Céline ou d'un autre.

La question de ce qui est dicible ou non, de ce qui est publiable ou non, de ce qui est

« promouvable » ou pas, je me la suis encore posée en janvier 2015. C'était quelques jours après les attentats des 10 et 11 janvier qui avaient vu le massacre d'une partie de la rédaction de *Charlie Hebdo* et l'attaque du magasin Hyper Cacher. La France était encore sous le choc de ces événements et l'émotion était partout palpable. Il se trouve que le thème de notre festival littéraire Le Goût des Autres, décidé de longue date, était : l'humour. Et nous avions évidemment tous à l'esprit cette question : peut-on rire de tout ? Jonathan Coe, un des plus éminents représentants de l'humour anglais nous avait fait l'amitié de venir au Havre ; et François Rollin (le « Professeur » Rollin) et Rédouanne Harjane avaient lu des textes de Desproges. Et tous ceux qui étaient dans la salle ont pensé la même chose quand François Rollin a commencé à lire le texte qui débute par : « On me dit que des Juifs se sont glissés dans la salle... » Oui, on peut rire de l'antisémitisme. Oui, on peut rire des Juifs. De fait, je me souviens que nous avons tous ri.

Parce que c'était Rollin et Harjane. Parce que c'était Desproges.

Mais si ces mots, exactement les mêmes mots, avaient été lus sur scène par Dieudonné ?

Quand un immense acteur tel que Fabrice Luchini lit un texte immense tel que *Voyage au*

bout de la nuit il donne évidemment envie de lire
Céline. Il fait aimer Céline, au risque de faire aimer
tout Céline. Et j'ai moi aussi envie de faire aimer
Céline. Mais où s'arrêter ? À quel endroit ériger un
mur de protection au sein de cette œuvre gigantesque qui va de *Voyage au bout de la nuit* à *Baga-
telles pour un massacre* et à *L'École des cadavres* ? Et
faut-il le faire ?

En 1945, François Mauriac avait pris l'initiative
d'une pétition d'artistes et d'intellectuels demandant la grâce de Robert Brasillach, qui venait d'être
condamné à mort. De Gaulle l'avait refusée, esti-
mant que le talent et la popularité étaient justement des circonstances aggravantes, quand ils se
mettaient au service de la trahison ou de la haine.
Mais Céline lui, avait su fuir à temps et se défendait même de vouloir influencer qui que soit : « Ce
n'est pas mon domaine, les idées, les messages. Je
ne suis pas un homme à message. Je ne suis pas un
homme à idées. Je suis un homme à style. » Je n'y
crois pas.

Alors que lire ? Faut-il tout lire ou limiter la
diffusion de certains livres ? Faut-il, comme cela a
longtemps été le cas, créer des purgatoires dans les
bibliothèques pour que certains livres ne soient pas
lus, ou pas par n'importe qui ? Sans aller jusqu'au
délire criminel qu'Umberto Eco décrit dans

Voyage

Le Nom de la Rose, faut-il limiter, ou non, l'accès aux livres ?

Il n'y a pas de réponse simple à cette question. Pour être simple, il faudrait être absolu, répondre par un oui catégorique ou par un non aussi ferme. Or, pour le livre comme pour toute forme d'expression, nous avons fait le choix d'encadrer ce qui est exprimable. On peut écrire des choses osées, polémiques, violentes, acerbes, des pamphlets, des critiques, des nullités crasses et apologétiques, mais on ne peut pas tout dire et tout publier et tout diffuser. Parce que la loi interdit de faire l'apologie de tel ou tel crime particulièrement grave. Parce que la loi protège le droit à la vie privée. Parce que même dans nos sociétés libérales et sécularisées, dans lesquelles la révérence pour toute forme de pouvoir ou d'institution a disparu, la loi fixe encore quelques limites.

À l'intérieur de ces limites, qu'il faudra peut-être songer à faire évoluer, mon avis est d'utiliser au maximum la liberté. Oui, il faut lire Céline, et tout Céline, pour sa part de génie et pour sa part d'ombre. Parce qu'il faut faire le pari, lecteur, mon frère, qu'avec la lecture viendra l'intelligence, et la distance, et que la liberté de lire et de connaître produiront, in fine, plus de bien que l'ignorance. C'est un pari, sur la liberté et sur l'homme.

Des hommes qui lisent

Mon père aimait les livres interdits, dérangeants, incorrects. Il avait une passion assumée pour le marquis de Sade. Il n'était pas toujours insensible aux thèses conspirationnistes. Sa bibliothèque, vaste et éclectique, est encore pleine de livres surprenants. Et il ne lui serait pas venu à l'esprit de s'interdire un livre dans sa bibliothèque. Il ne lui serait pas venu à l'esprit non plus de me faire lire Sade à neuf ans ! Mais il n'a jamais rendu inaccessibles les ouvrages les plus corrosifs de sa bibliothèque à ses enfants, en considérant qu'il était toujours préférable de préparer et d'expliquer une lecture plutôt que de l'interdire. Cette pratique privée peut-elle constituer une politique publique ? Je n'en suis pas certain… Mais quel exemple de vraie liberté intellectuelle et de confiance dans l'intelligence !

10.

La littérature à l'estomac

Il m'est arrivé avec la boxe exactement la même chose qu'avec Flaubert.

Il aura fallu que mon père meure pour que je franchisse le pas. Et encore, Flaubert, je savais que j'aimerais. Je me doutais bien que, fasciné par Rome, originaire du Pays de Caux, amoureux du mot juste, je ne mettrais pas longtemps à être fasciné par l'impitoyable Hamilcar ou par le triste Moreau.

Pour la boxe c'était moins évident et je peux donc dater, à peu près, la naissance de cette fascination, et même décrire celui qui, le premier, avant même mon père, m'a fait songer à l'intérêt que pouvait revêtir ce sport si particulier.

Des hommes qui lisent

Il était petit, plus petit que moi en tout cas.

Il était élève de sixième au collège Jean-Texcier, à Grand-Quevilly. La plaque à l'entrée de cet établissement proclamait que Jean Texcier avait été « humaniste, poète et résistant ». Elle ne mentionnait pas qu'il était surtout journaliste et avait créé *La Dépêche de Rouen*.

Cet élève avait un grand frère, en troisième, qui était un des hommes forts de la cour de récréation et il entendait bien s'inscrire dans la tradition familiale. C'est lui qui m'a balancé mon premier direct. En pleine face. La première fois que j'ai pris un coup de poing dans la gueule.

Moi aussi j'étais en sixième. Pas très grand mais tout en longueur, format fil de fer. Et je présentais, ce jour-là, deux caractéristiques qui me plaçaient un peu à part de mes camarades de classe quelques jours après la rentrée. D'abord, j'étais le fils du principal, du nouveau principal du collège. Et ensuite je venais d'obtenir un 20 en mathématiques. Deux façons de sortir du lot, et à cet âge-là, on n'aime pas ceux qui sortent du lot.

J'ai dû faire le malin, ce qui ne l'était pas. Et mes « camarades », dont le jeune Franck était l'incarnation la plus virulente et sans doute la plus directe, ont dû trouver que le nouveau se la racontait et qu'il allait falloir le calmer un peu.

La littérature à l'estomac

Depuis la deuxième quinzaine de septembre 1981, je suis en mesure de pouvoir affirmer qu'un direct en pleine face, ça calme un peu en effet. Moins qu'un coup au foie, mais suffisamment.

Je me souviens avoir pris ce direct que je n'avais pas vu venir comme une invitation (un peu trop ferme à mon goût) à entrer dans la réalité de la vie qui allait être la mienne, maintenant que je n'étais plus élève en « horaires aménagés », suivant chaque après-midi les cours de musique au conservatoire de Rouen, dans un milieu aussi exigeant scolairement que protégé socialement, mais bien un collégien comme les autres.

Je pris immédiatement deux résolutions. La première était scolaire : obtenir les meilleures notes n'était pas forcément nécessaire et il était sans doute plus intelligent de montrer aux professeurs qu'on pouvait en obtenir tout en restant dans une bonne moyenne. La seconde était d'ordre social : étant maigre, ne sachant pas me battre, et n'ayant aucune envie de me lancer dans une carrière de souffre-douleur, il me fallait trouver un associé qui m'offrirait sa puissance contre ce que moi, je pourrais lui proposer. Je crois qu'en biologie on appelle ça le « mutualisme », c'est-à-dire l'association gagnant-gagnant dans laquelle deux êtres vivants s'aident mutuellement : le buffle supporte que l'oiseau pique-bœuf lui picore le cou parce que ça le débarrasse des parasites... Je ne sais pas qui était le buffle et qui était l'oiseau, mais toujours est-il qu'en un mois l'affaire était réglée. Mes notes étaient dans la zone de confort, et quelques types de quatrième ou de troisième, amusés par ma capacité à raconter des blagues ou à imiter les professeurs, et peut-être désireux de pouvoir s'approcher de ma grande et jolie sœur, étaient devenus des amis et dissuadaient par leur taille et leur volume toute velléité de règlements de compte physique au sein ou à l'extérieur de l'établissement.

En dehors de ce premier mois de septembre 1981 et de ce coup de poing, ma scolarité a été essentiellement tranquille, souvent joyeuse et au fond épanouissante.

Mais j'avais pris un coup. Et j'avais compris que je n'aurais jamais le dessus physiquement. J'enrageais. J'enrageais d'autant plus que je savais que, dans ma famille, non seulement personne ne pourrait m'apprendre à me battre, mais que l'idée même de savoir se battre, ou de vouloir prendre l'avantage physiquement semblait parfaitement saugrenue.

Mon père était malade. Quand je suis né en 1970, il avait vingt-quatre ans, et il était déjà diabétique depuis dix ans. Devenir diabétique en 1960, à quatorze ans, c'était une affaire, c'était sérieux. Ça voulait dire changer de vie, faire bouillir les seringues pour les stériliser, respecter un régime alimentaire et, à l'époque, proscrire le sport. C'était vivre avec le risque permanent de mal doser l'insuline, de dérégler le taux de sucre dans le sang et de tomber dans le coma.

Enfant, j'ai appris, comme ma sœur, comme ma mère, comme tous ses plus proches, à traquer le moment où l'œil de mon père devenait brusquement fixe et son propos hésitant. Nous traquions l'hypoglycémie, avant qu'elle ne finisse par l'attraper ; elle s'annonçait toujours par les mêmes symptômes, que les autres ne comprenaient pas toujours, et nous la chassions à coups de sucres plus ou moins lents. Le plus souvent, nous réussissions. Quelquefois l'hypoglycémie l'emportait, et mon père sombrait dans le coma diabétique.

Mon père ne se plaignait pas, et menait à bien des égards une vie normale. Mais il consacrait une bonne partie de son énergie à maîtriser les effets de sa fragilité et à retarder la progression de la maladie. Le sport, fortement déconseillé lorsqu'il était jeune était devenu, même après que la médecine eut changé d'avis sur l'intérêt pour les diabétiques de la pratique sportive, tout simplement inenvisageable.

Le diabète lui avait abîmé les yeux assez rapidement, et l'effort physique lui semblait insurmon-
table. Sauf nager et marcher. Et de fait, il nageait
bien et marchait beaucoup. Mais le sport, la compétition sportive, la vie au grand air, les épreuves
de force ou d'endurance, le monde militaire, le
combat physique : tout cela lui était en revanche
interdit, indifférent et profondément étranger.
L'orthodoxie contrainte de sa vie matérielle avait
laissé la place à une vie intellectuelle débridée, foisonnante, littéraire. Il s'était plongé dans les livres
et dans les idées comme d'autres entrent dans les
ordres. Il lisait tous les jours et écrivait tous les
matins, comme les parents de certains de mes amis
allaient courir ou regardaient le foot à la télé. Son
désintérêt pour le sport était souvent accompagné
d'un dédain pour les sportifs, qu'il prenait volontiers pour des gens bruyants. Son père à lui, mon
grand-père, qui aimait le foot et gueuler pendant
les matchs en expliquant à ces types manifestement
trop payés et pas assez enthousiastes ce qu'il fallait
faire quand on était sur un terrain, lui avait donné,
à son corps défendant, une autre excellente raison
de mépriser souverainement tout ce qui pouvait,
de près ou de loin, ressembler à des compétitions
sportives.

L'idée de demander à mon père comment on pouvait se battre contre quelqu'un aurait donc été aussi absurde que de lui demander de s'habiller en footballeur et d'aller tirer un corner.

Plus encore, mon père détestait les conflits, les rapports de force, les tensions psychologiques, pour ne rien dire de celles qui pouvaient devenir physiques. Non seulement il ne pouvait m'apprendre à me battre, mais il ne voulait pas que je me batte.

Et pourtant. Dans cette aversion pour le sport et pour la force physique, il y avait deux exceptions. Les compétitions d'athlétisme des Jeux olympiques, et la boxe.

Pour l'athlétisme aux JO, je peux comprendre. La culture classique, les humanités, un peu de respect intellectuel pour la simplicité exigeante de l'athlétisme où il s'agit de courir plus vite, de lancer plus loin, de sauter plus haut. Il y a chez l'intellectuel, même le plus éthéré, quelque chose qui se refusera toujours à critiquer le modèle de l'athlète grec.

Pour la boxe, c'est plus mystérieux, même si, quand on aime l'Antiquité, on a entendu parler du pugilat et du pancrace. Que je sache, mon père ne s'est jamais battu. Il n'a jamais assisté ni participé à un entraînement de boxe, n'a jamais été dans une salle de boxe, ni tapé dans un sac, ni mis des gants. Mais la boxe, et singulièrement la boxe française, la savate comme il disait, lui paraissait un art noble et digne d'égards. Pourquoi diable ce respect ? Je ne l'ai jamais su. Je ne lui ai d'ailleurs jamais demandé.

Était-ce simplement par goût de la provocation ? Une ruse pour que je m'intéresse à ces sports ? Ou est-ce parce que boxe et littérature ont partie liée ? Parce qu'il y aurait dans la vie de l'écrivain, même amateur, quelque chose qui ressemblerait à la discipline, à l'humilité et à l'effort du boxeur ? Je suis tombé il y a peu sur un texte peu connu de Théophile Gautier, de 1842 : *Le Maître de chausson*. Quasiment une œuvre de jeunesse. Le futur auteur du *Capitaine Fracasse* y décrit, fasciné, les combats de savate auxquels se livrent les titis parisiens, place Maubert ou rue Mouffetard, il rapporte les dialogues des adversaires : *Numérote tes os, que je te démolisse !, Tape-lui sur la terrine, mouche-lui le quinquet, surine-lui le naz, ça l'esbrouffera !*. C'est truculent, c'est beau comme l'Antique, on dirait les insultes rituelles entre gladiateurs des jeux du cirque, on croit entendre Agamemnon, au chant 1 de l'*Iliade*, traiter Achille de *sac à vin* et d'*homme à l'œil de chien* ! Je ne sais pas si mon père connaissait ce texte, mais il lui aurait plu. Et Paul Morand,

qui célèbre la boxe dans *Champions du monde* ? Et
Louis Hémon, boxeur et écrivain, auteur d'un *Bat-
tling Malone, pugiliste,* mais dont on se souvient
seulement pour *Maria Chapdelaine* ? Et le Montherlant des *Olympiques,* dont un des plus beaux
poèmes, « Critérium des novices amateurs », est
consacré à la boxe :

*D'un regard douloureux vers l'arbitre, il implore
qu'on fasse cesser ça,*
*Mais moi, si j'étais l'arbitre, je sais bien que je
n'arrêterais pas le combat.*

Et bien sûr tous les grands Anglo-Saxons : Joyce
Carol Oates, Jack London, Hemingway. Pas sûr
que mon père les ait tous lus. Mais il n'était peut-
être pas insensible à ce sport si apparemment brutal
et pourtant si éminemment littéraire, à ces histoires
de courage et d'honneur, à ces histoires de perdants
magnifiques, à ces destins, à ces matchs mythiques,
à ces rencontres de légende : Marcel Cerdan et
« *Raging Bull* » Jake LaMotta, Mohammed Ali et
Joe Frazier, Marvin Hagler et Thomas Hearns,
Mike Tyson et Evander Holyfield.

Toujours est-il qu'après sa mort, j'ai franchi le
pas. Je me suis dit qu'il fallait essayer. Qu'après
tout, si mon père avait eu le courage de regarder la
mort en face et d'arrêter, quand il l'avait décidé, ses
traitements afin de mourir entier et sereinement, je

pouvais bien aller voir sur un ring et vérifier si je tenais le coup.

Alors je suis allé voir Magid Nassah.

Magid enseigne la boxe. 1,70 mètre, 76 kilos, un tigre fait homme. Félin, puissant, le regard direct et le crâne sans un cheveu. Quand il sourit, la gentillesse et l'intelligence s'incarnent immédiatement dans ce physique de lutteur. Quand il ne sourit pas… il est rare qu'on vienne le déranger. Après une longue période en « sport-études » boxe au terme de laquelle il obtient son Brevet d'État, il entre dans la vie professionnelle. Miracle de l'orientation à la française, son premier métier a été celui de fleuriste. Magid fleuriste. C'est un peu comme si Lino Ventura ou Mike Tyson avaient été vendeurs de dentelles au Bon Marché. Je ne dis pas que c'est impossible, mais ça relève tout de même, au minimum, de l'improbable.

Magid dirige une association qui occupe une salle municipale, accueillant dans le quartier du Mont Gaillard, au nord du Havre, tous ceux, hommes ou femmes, sportifs confirmés ou débutants, jeunes ou moins jeunes, qui veulent pratiquer un sport ou, parfois, s'en sortir en pratiquant un sport. Je le connaissais depuis plusieurs années. Cela faisait longtemps que j'essayais d'aider cette association, impressionné par la qualité du travail effectué et par l'esprit très rigoureux et très sain que faisaient régner dans cet établissement Magid et son associé Allaoui. Et cela faisait longtemps que ces deux-là, en retour, me mettaient au défi de venir essayer la boxe. Après la mort de mon père, nous avons passé un pacte. Un pacte dans lequel les livres sont au cœur de tout. Un pacte où chacun vient chercher ce que l'autre sait faire et peut lui apporter : Magid, la boxe et moi les livres. Encore une histoire de mutualisme, mais cette fois je sais très bien que le buffle, ce n'est pas moi.

C'est pourtant moi qui m'en tire le mieux : Magid pourrait lire sans moi, et il ne m'a pas attendu pour avoir une vie intellectuelle d'une grande richesse. Alors que moi je n'aurais jamais chaussé les gants si lui ne m'avait pas mis en confiance.

Depuis janvier 2015, trois fois par semaine, le matin, à 7 heures, je boxe pendant une heure. Trois fois par semaine, Magid ouvre la salle, se change, branche la sonnerie qui vient rythmer l'heure qui commence par séquence de deux minutes, puis une, puis deux, puis une, jusqu'à ce que la durée de la reprise du combat et de la minute de récupération s'imprime dans votre esprit, dans votre souffle, dans votre corps aussi sûrement que l'équilibre ou la soif.

Nous avons commencé tous les deux. Sans en parler à personne. Puis, au fur et à mesure, notre duo a été rejoint. Par Masto, d'abord. Christophe Majstorovic, dit Masto. Un poème. Grand, mince, musclé, tatoué de la tête aux pieds comme un guerrier maori, littéralement couvert d'encre bleue et rouge et noire et verte. Dix ans de Légion étrangère au 2e Régiment étranger de parachutistes. Ouvrier dans une usine de pétrochimie, où il s'occupe de la maintenance des machines. Solitaire, d'une gentillesse confondante et d'une franchise sans fard qui s'accompagne de cette fragilité que l'on retrouve souvent chez les anciens légionnaires. Et redoutable boxeur. Ses poings sont des parpaings. À chaque fois qu'un boxeur parle de lui, au Havre, c'est pour dire qu'il fait mal. Masto, qui lui aussi m'apprend la boxe, m'apprend à ne pas avoir peur, m'apprend à canaliser et à dompter la furie qui m'envahit quand il m'a fait mal, à maîtriser ce qui nous dépasse pour boxer proprement. Et puis Michel, Nabil, Jérôme. Tous boxeurs confirmés, ayant tous développé des styles différents et adaptés à leur morphologie et à leurs talents. Ils viennent passer une heure, ou plus, toujours d'une immense gentillesse et d'un très grand sérieux, toujours d'une grande humilité aussi. Ils m'enseignent à boxer, sans doute amusés à l'idée que le maire vienne apprendre ce qu'ils maîtrisent tellement mieux que moi.

Les entraînements prennent toujours la même forme. La boxe est un rituel, une école de la répétition. On fait et refait les mêmes gestes, les mêmes enchaînements, les mêmes efforts pour pouvoir tenir sur le ring au moment du combat. L'entraînement, toujours, commence par des reprises de corde à sauter : une normale, une avec des accélérations, une avec des doubles sauts. Il m'aura fallu cinq mois pour sauter en dissociant les jambes, et neuf mois pour passer deux double sauts de suite. J'en suis à trente-neuf. J'espère monter à cinquante. Entre les reprises de corde à sauter : gainage ou *shadow boxing*, histoire de chauffer les épaules et les hanches, de faire travailler le cou, de délier les mouvements. Après la corde, on passe aux exercices de déplacement ou à ceux de musculation. Puis au sac. Ça n'a l'air de rien, un sac. Taper dans un sac, tout le monde peut le faire. Mais non, vous n'avez qu'à essayer, pour voir. Lorsqu'on commence à travailler au sac, on se rend compte assez vite que c'est le sac qui vous travaille et pas l'inverse. Il est lourd, il est dur, et il est là, toujours là et lui, il ne fatigue jamais. Il revient imperturbablement. Que vous le mainteniez à distance avec votre bras avant, ou que vous frappiez avec votre bras arrière, il revient. Il use vos phalanges à l'intérieur des gants. Lorsqu'il est trop lourd, c'est mauvais signe. À double titre. D'abord parce que vous fatiguez, ensuite parce que vous ne frappez plus vraiment dedans, mais que vous le poussez. Et pousser, ça ne sert pas à grand-chose lorsque vous boxez. Vous êtes donc en train de vous fatiguer pour rien.

La boxe anglaise, quand on ne connaît pas, ça fait peur. C'est normal. On y voit l'empire de la force et de la brutalité. Une forme de sauvagerie, codifiée peut-être, mais autorisée, proclamée, glorifiée même.

Quand on connaît cela fait encore plus peur : on mesure mieux les efforts déments qu'implique cette pratique sportive, les risques physiques qui y sont associés aussi.

Mais même si la boxe incarne aux yeux du monde la violence et la sauvagerie, elle est aussi un rituel. Une répétition symbolique. Une façon justement d'appréhender la peur et la sauvagerie en s'imposant des rythmes et des règles. Au fond, la boxe a peu de chose à voir avec la force. Elle est avant tout une question de vitesse, de coordination, de maîtrise de son souffle, d'élégance. La force vient par surcroît. Tous les types qui commencent à boxer finissent par se rendre compte qu'ils tapent trop fort, qu'ils forcent, et qu'ils se font mal tout seuls en tapant trop fort pour ce que leur corps peut supporter. Il faut avoir conscience que la force n'est pas la donnée essentielle de la boxe pour commencer à apprendre. Il faut saisir (pour certains c'est instinctif) que ce qui donne la force n'a rien à voir avec la masse de vos muscles, mais tout à voir avec la façon dont vous placez vos pieds, dont vous avancez les hanches, dont vous pivotez sur vous-même, dont vous verrouillez votre épaule. Tout à voir avec la vitesse et la propreté du geste. Tout à voir avec la maîtrise.

La première leçon de la boxe, c'est la maîtrise. De sa peur. De sa respiration. De son corps. La peur, elle est toujours là. Elle ne vous abandonne pas. Il s'agit de la maîtriser, pas de la faire disparaître. Et je précise que dans mon cas, si je parviens à la maîtriser, c'est parce que je sais ce que j'ai en face de moi : des gens bienveillants qui veulent que je boxe mais qui font attention à ne pas m'abîmer. Même en sachant cela, la peur vous saisit. Alors, imaginez, dans un vrai combat...

La maîtrise de la respiration ensuite. À côté de votre adversaire, se tient un ennemi qui vous écrase encore plus sûrement que lui, c'est l'asphyxie. Elle est le lot commun de tous les boxeurs qui commencent. Et comme on n'a jamais fini d'apprendre à boxer, on est toujours en train de commencer. Avant de donner un coup, le corps bloque la respiration. Vos poings se contractent, votre ventre aussi, vous redoutez l'impact, vous cessez de respirer : essayez chez vous, c'est imparable. Et lorsque vous pensez que vous allez « en prendre un », c'est pareil, vous bloquez votre respiration. Comme à la boxe, vous passez votre temps à en donner (enfin à essayer) et à en prendre (ça c'est plus simple), vous vous asphyxiez assez vite. Il faut donc, quel que soit votre niveau, savoir respirer, sauf à bloquer la machine et à ne plus pouvoir bouger. Et un boxeur qui ne bouge plus est un boxeur qui ne restera plus debout longtemps. Regardez les grands boxeurs : Mohammed Ali, qui virevolte, épuise tous ceux qui pensent qu'ils vont réussir à le toucher, et qui y parviennent presque, mais pas complètement, à cause de ces deux centimètres qui inexorablement séparent leurs poings du visage de Ali. Mohamed Ali qui danse sur le ring, enchaîne les changements de jambes d'appui, baisse sa garde, provoque, bouge comme s'il pesait cinquante kilos alors qu'il est dans la catégorie des lourds. Ali qui encaisse tout ce qu'on lui envoie. Regardez Mike Tyson : lorsqu'il ne boxe pas, ce qui impressionne c'est sa masse musculaire (et ses dents aussi, il faut bien le reconnaître). Lorsqu'il boxe, c'est sa vitesse inouïe et son agilité.

Cette maîtrise est l'antithèse de la sauvagerie. Elle est au contraire à bien des égards la condition de la civilisation. C'est peut-être pour cela, dans le fond, qu'on appelle la boxe anglaise le *noble art*. Je n'ai jamais su l'origine de cette expression. Peut-être vient-elle du fait que ses règles ont été popularisées par John Sholto Douglas, 9e Marquis de Queensberry... J'ai en tout cas toujours été frappé (le terme est sans doute bien choisi) par le respect, la politesse, et même la bienveillance qui règnent dans cette salle du Mont Gaillard, quartier du Havre.

Cela ne signifie pas que les tensions du monde extérieur en soient absentes. Le quartier est pauvre, la population est diverse et bigarrée à l'image d'une ville portuaire où les mélanges sont une habitude et même une raison d'être. La salle de boxe se trouve dans le bassin de ce qui aurait dû être une piscine et qui a été réaménagé lorsqu'il est apparu, après la construction, au début des années 90, que la conception même du lieu rendait impossible l'exploitation. Un petit scandale local, comme il en arrive parfois et partout. Et que la municipalité suivante, celle de mon prédécesseur, a su transformer en une réussite exceptionnelle en s'appuyant sur l'énergie, la volonté, la méthode et le bagout de deux garçons du quartier. Boxeurs tous les deux, ils ont imaginé qu'une structure associative pourrait, grâce à la pratique de la boxe, remettre sur le chemin de l'emploi ou de l'insertion sociale tous ceux qui se donneraient suffisamment de mal pour respecter les règles rudes mais absolues de la boxe anglaise ou française.

Magid vit depuis plus de quinze ans de cette activité. Certains diraient de ce sacerdoce. Avec lui des jeunes gens et des jeunes filles ont découvert la boxe. Des femmes et des hommes qui avaient totalement interrompu leur pratique sportive sont montés sur un ring. Je pense à Jackie, avec qui j'ai eu le plaisir d'échanger quelques coups pendant deux reprises. Cinquante-cinq ans, boxeuse depuis plusieurs années, un peu ronde, timide, mais boxeuse déterminée, appliquée, respectueuse et fière de ce qu'elle est. Une femme debout dont la vie n'est pas simple mais qui boxe et qui ne se laissera pas marcher dessus.

Dans la salle, on tient à certaines règles, qui accompagnent celles de la boxe mais qui s'appliquent en dehors du ring. Les hommes et les femmes sont sur un pied d'égalité. Tout le monde se salue, en se serrant la main. La politesse est exigée. Le respect des locaux également. Lorsque des garçons dotés d'un excès de testostérone viennent pour rouler des mécaniques, ils sont toujours reçus avec politesse. Et on met en face d'eux, assez vite, un bon boxeur ou, encore plus efficace, une bonne boxeuse. Leur ego en prend brutalement un coup. Et pas seulement leur ego s'ils insistent… Magid m'a fait boxer une ou deux fois avec une jeune gendarme, petite mais véloce et très solide. Je n'ai dû mon salut qu'à mon allonge et à son immense retenue. Je m'entraîne maintenant pour être au niveau face à elle. Elle, en revanche, veut intégrer le GIGN. Chacun ses objectifs.

Magid aussi vit avec des objectifs : continuer à faire des progrès en boxe, transmettre à ceux qui lui font confiance un savoir et des valeurs, aider tous ceux qui veulent progresser avec lui, gérer sagement et efficacement l'association dont il a la responsabilité. Et préparer la suite. En ouvrant son esprit à des horizons plus larges que ceux du ring, plus lointains que ceux du quartier, plus intellectuels que ceux de la boxe.

C'est l'autre partie du pacte que nous avons passé.

Avec Magid, nous parlons et nous lisons. Régulièrement, je lui offre un livre. Le genre peut être varié : roman historique, essai, récit, polar, classique, tout est bon. Il lit et nous parlons. J'essaie de le surprendre avec mes livres comme lui me surprend avec ses esquives ou ses attaques.

Nous avons commencé avec Mgr Myriel, celui de Jean Valjean et des *Misérables*. Puis avec Jorge Semprun et son expérience de la déportation dans *L'écriture ou la vie*. Parce qu'il me semblait que des histoires de combat, contre le mal ou contre la mort, mené par des intellectuels ou des hommes de paix pouvaient captiver l'attention d'un boxeur. Nous avons continué par *Vendetta*, de R. J. Ellory, parce que là encore, il s'agit d'un combat, celui que mène un tueur pour apprivoiser sa furie et organiser sa survie.

Dans cette liste qui commence à être longue de livres qui nous relient avec Magid, il y *L'Or* de Blaise Cendrars et *HHhH* de Laurent Binet, il y a *La Promesse de l'aube* de Romain Gary et *Boxing Club* de Daniel Rondeau (ça s'imposait !). Il y a *Bonheurs et grandeur*, remarquable ouvrage d'Hervé Gaymard sur quelques grandes dates qui ont rassemblé les Français, et *Un monde pour Stella* de mon compère Gilles Boyer. Il y a des styles, des vocabulaires, et des points de vue différents. Des romans, des récits, des essais. Et évidemment nos discussions d'après lecture n'ont rien à voir avec des leçons !

Ces livres ne sont pas des fins, ils sont des moyens. Ils ouvrent la discussion, suscitent des sujets ou des envies ou des échanges ou des questions. Ils sont le ciment qui permet de construire et d'entretenir une relation amicale et une émulation intellectuelle.

Ils forment les maillons d'une transmission par laquelle Magid et moi nous nous enrichissons mutuellement. Comme si, plus je boxais et plus Magid lisait, plus nous nous rendions compte que les livres et les coups qu'on donne et qu'on reçoit vous construisent et vous définissent.

Et même s'il était profondément étranger à toute forme de violence ou de pratique sportive, je suis bien persuadé que mon père aurait aimé cette image.

11.

Écrire

Tous les matins, mon père écrivait.

En plus d'être un liseur compulsif, il avait pris goût, très tôt, peut-être avant ma naissance, je n'ai jamais su très bien quand, à cette gymnastique particulière qu'est l'écriture.

Le matin, il se levait tôt, il se faisait sa piqûre quotidienne d'insuline, il appelait son frère jumeau au téléphone. Puis il se mettait à sa table pour écrire. Pour noircir des carnets et des carnets de son écriture peu lisible.

Si j'y ajoute ma mère, ma sœur et moi, il y a probablement dans cette routine matinale tout ce qui a compté le plus dans la vie de mon père : sa maladie, sa gémellité, sa relation aux livres.

Des hommes qui lisent

Autant le dire tout de suite, je n'ai jamais lu ce qu'écrivait mon père. Il a brûlé une bonne partie de ses carnets quelques années avant sa mort, et je ne me suis jamais plongé dans ce qui a été conservé. Je ne sais pas pourquoi. Ou plutôt si. Je sais trop bien pourquoi.

Mon père n'écrivait pas pour être publié. Je ne crois pas qu'il ait jamais produit un texte publiable ou dont il aurait pu espérer qu'un éditeur s'y intéresse. Je crois même qu'il n'a jamais essayé d'être publié. Je ne connaissais pas à l'époque la formule de Michel Tournier selon laquelle « Un livre écrit, mais non lu, n'existe pas vraiment » mais je me souviens de discussions, parfois tendues, où je m'emportais contre mon père en lui soutenant que cela n'avait aucun sens d'écrire si c'était pour ne pas montrer ce qu'on écrivait.

J'avais tort bien entendu. Il le savait, et moi aussi...

On n'écrit pas forcément pour être un écrivain.

D'autant qu'en France, s'affirmer écrivain est une affaire sérieuse. C'est immédiatement prendre le risque d'être submergé par la Littérature, avec un L gigantesque, d'être écrasé par les figures de notre génie national. Être écrivain en France, ce n'est pas sortir un bouquin, c'est créer une œuvre. Comme l'Intellectuel, l'Écrivain est un personnage

Écrire

de notre imaginaire. Les Anglo-Saxons ont moins de pudeurs, moins de préjugés, ou peut-être moins de finesse : ils sont *writers*, qu'ils soient James Joyce, R. J. Ellory, rédacteur des discours de Donald Trump ou scénariste du dernier blockbuster.

Mon père écrivait discrètement. Seul, le matin. Nous savions tous ce qu'il faisait bien sûr, mais il ne nous en parlait jamais à nous. Sans doute à son frère jumeau, mais j'ai l'impression que même à son double il ne montrait pas tout. Il ne se prévalait jamais de cette activité à l'extérieur. Tout le monde savait qu'il était un grand lecteur, mais peu de gens savaient qu'il écrivait tous les matins, des pages et des pages.

N'ayant jamais rien lu de lui, sinon quelques lettres totalement excentriques qu'il m'adressait pour les grandes occasions, je ne peux pas dire ce qu'il écrivait, mais je peux me faire une idée de pourquoi il écrivait.

Il n'écrivait pas pour raconter une histoire, ou pour défendre une thèse, ou pour partager des idées. Il écrivait parce qu'il avait besoin de sortir de lui-même des choses qu'il pensait ou qu'il ressentait qu'il ne pouvait exprimer autrement. Je crois qu'il maniait sa plume comme le corps utilise les reins : pour filtrer le monde qu'il regardait et qu'il vivait. Pour ressasser ses obsessions et

163

imaginer ses théories, pour poser sur le papier ce qui fourmillait dans sa tête. Il écrivait pour vivre. L'orthodoxie contrainte de sa vie matérielle, que la maladie emprisonnait dans une régularité austère, avait laissé la place à une vie intellectuelle débridée, foisonnante, d'une ampleur rare et d'une intensité remarquable. Poète, philosophe, sage, historien, esprit toujours curieux et souvent frappeur, mon père s'était plongé dans la connaissance, dans le savoir, dans les idées, dans les livres et dans l'écriture comme d'autres entrent dans les ordres. Le livre était l'instrument de sa liberté, l'écriture était son expression.

Et j'ai mis du temps à comprendre combien c'était possible et combien cela comptait.

Il faut dire que si aimer lire m'est venu enfant, aimer écrire m'a pris beaucoup plus de temps.

Je pourrais bien sûr mentionner la surprenante passion qui m'a agité avant l'âge de dix ans, lorsque j'ai commencé la rédaction d'un dictionnaire de noms propres. Le plus paranoïaque de mes lecteurs y verra sans doute le signe d'une appétence aussi juvénile que préoccupante pour la rédaction de fiches personnelles sur ceux qui m'entourent. Il n'en est rien. Il s'agissait de recueillir toutes les informations possibles sur les grands hommes que je rencontrais dans mes lectures ou les conversations de mes parents. Pour l'essentiel, je recopiais… des dictionnaires déjà existants, en coupant les paragraphes que je ne comprenais pas ! Cela n'avait aucun intérêt et même si j'écrivais physiquement, je ne créais pas et il n'y avait rien, là-dedans, qui aurait pu annoncer le plaisir d'écrire.

Pour aimer écrire, il m'a d'abord fallu dépasser la question de l'orthographe.

J'ai souvent entendu dire, par mes parents parfois, par des professeurs souvent, qu'un grand lecteur avait plus de chance de maîtriser rapidement l'orthographe que quelqu'un qui lisait peu. C'est sans doute vrai. Mais si c'est le cas, alors je plains les autres. Parce que moi, je lisais beaucoup mais j'étais nul en orthographe.

Nul. Zéro pointé à chaque dictée pendant toute l'école primaire. Je parlais bien, j'avais un vocabulaire plutôt riche pour un écolier, je lisais beaucoup, j'avais des bonnes notes. Sauf en orthographe, où là, c'était le désastre. J'ai collectionné les zéros aussi longtemps que j'ai dû faire des dictées. J'avais beau me relire (on me le disait sans cesse : « relis-toi ! »), j'avais beau me concentrer en écarquillant les yeux sur ce que j'avais rédigé (on me le répétait : « concentre-toi ! ») je laissais passer toutes les fautes. Certains de mes professeurs disaient que ces fautes étaient dues à l'inattention. Je n'en crois rien. Je faisais vraiment attention. Mais je n'y arrivais pas. Et je trouvais pénible qu'on m'ennuie avec ça alors que je collectionnais les bonnes notes aux exercices de rédaction. Difficile de prendre le solfège au sérieux quand on vous dit que vous jouez bien le jour du concert...

Mes parents, professeurs de français tous les deux, ont dû supporter ça en silence, sans vouloir me braquer. Ma sœur, qui elle aussi deviendrait professeur de français, y trouvait un avantage comparatif qu'elle ne se privait pas d'exploiter sur son petit frère (qui en retour ne lui menait pas exactement la vie facile non plus).

Je me serais volontiers défendu en disant que « l'orthographe est la science des ânes » mais, à l'époque, je ne connaissais pas cette expression. D'ailleurs, elle n'est pas vraiment convaincante et l'excuse est un peu courte. Elle sert souvent de prétexte au relâchement et au manque d'effort. Je ne dis pas qu'il faille faire de l'orthographe une vache sacrée, comme c'est quelquefois le cas dans notre pays, et j'ai toujours été un peu étonné qu'on appelle « fautes », comme s'il y avait là une dimension morale, ce que sont simplement des « erreurs » d'orthographe.

Écrire

Il se trouve qu'il y a quelques années a fleuri une de ces polémiques dont la France a le secret : des propositions de rectifications ou de simplifications orthographiques, sans caractère contraignant, et adoptées... vingt-cinq ans avant, étaient enfin prises en compte. Aussitôt, levée générale de boucliers : « Disparition de l'accent circonflexe ! Nivellement par le bas ! Attentat contre la langue ! Contre notre identité ! » Que n'a-t-on entendu, y compris de la part de ceux qui ne se scandalisent même pas que des ministères français correspondent, en anglais, avec les services de la Commission européenne, ce qui est autrement plus grave. On se calme. Reprenons nos esprits. « Nénuphar » n'a en effet aucune raison de s'écrire avec « ph », mais je continuerai à l'écrire comme je veux. Quant à l'accent circonflexe, qui n'est pas supprimé, je continuerai à le mettre là où j'ai appris. Ça m'a donné assez de mal ! S'il existe, c'est pour d'excellentes raisons : pas tant pour indiquer qu'il remplace un « s » disparu que pour marquer l'allongement presque imperceptible de la voyelle que cela a provoqué : prononcez « chat » et « châle », pour voir. Vous voyez ? Ce n'est pas tout à fait le même a... Mais la différence s'estompe peu à peu. Et, de grâce – mot qui ne se prononce pas tout à fait comme « grasse » – n'en faisons pas une guerre de religion. L'orthographe évolue naturellement, avec la langue qu'elle note. La dernière réforme importante, en 1835, avait permis d'écrire « enfants » au lieu d'enfans et « connaissance » au lieu de connoissance. Elle n'a pas empêché Victor Hugo de continuer à publier ce qu'il écrivait indifféremment des poëmes ou des « poèmes ».

L'orthographe est une convention, dont on fait une norme. Ne la sacralisons pas mais respectons-la, parce qu'en le faisant on respecte le lecteur. À l'expression « l'orthographe est la science des imbéciles », je préférerai toujours la phrase de Jean Guéhenno : « l'orthographe est la politesse de la langue ».

En tout cas, il est difficile de vouloir écrire quand vous ne maîtrisez pas les règles de l'écriture. Comment aimer écrire et même, comment oser écrire, quand on n'est pas sûr de la forme ? Pas forcément impossible, mais tout de même, ça ne nourrit pas la confiance.

C'est à Sciences Po que j'ai commencé à régler mon problème avec l'orthographe. Pas avant. Mes copies de Bac étaient sans doute ponctuées d'erreurs nombreuses et désolantes. Mes copies d'hypokhâgne aussi... Mais ça ne m'empêchait toujours pas d'avoir de bonnes notes.

À Sciences Po, tout a changé. En première année, le professeur d'histoire qui avait accueilli ma « conférence » comme on dirait là-bas (c'est à dire le groupe de vingt jeunes gens qui partageaient des cours d'histoire, de droit et d'économie) était Elikia M'Bokolo, dont j'ai déjà parlé. Érudit austère et sobre en mots, doté d'un œil malicieux qui laissait penser qu'en dehors des cours, dans la vraie vie, l'austérité n'était pas forcément de mise, il était un spécialiste reconnu de l'histoire du continent africain. Il nous régalait d'anecdotes sur les personnages historiques, les événements ou les courants de pensée que nous étudiions. Et il était exigeant. Deux ou trois semaines après la rentrée, alors qu'il rendait à tous les élèves de la conférence leur première copie, dans une ambiance stressée et où chacun observait sa note par rapport à celle des autres, il s'arrêta devant moi. D'une voix grave, il me dit que j'avais 7, ce qui était très moyen. Mais que si j'avais écrit correctement le français, j'aurais eu 14, ce qui aurait été une bonne note. Il n'était pas envisageable qu'un étudiant de Sciences Po, un de ses étudiants, soit incapable de respecter les règles que plusieurs millions d'autres francophones maîtrisaient correctement. Le tout dit sans aucune méchanceté, sans aucune menace non plus, presque comme on énonce une évidence…

C'est ce jour-là que j'ai commencé à régler mes problèmes avec l'orthographe. Je ne suis pas certain de les avoir complètement réglés, mais je suis en bonne voie.

D'autant qu'après mes études, une deuxième pression est venue s'exercer, qui m'a fait prendre goût à l'écriture, ou au moins prendre conscience que j'aimais écrire.

À vingt-six ans, j'étais entré au Conseil d'État.

Le Conseil d'État est une institution assez méconnue de la majorité de nos concitoyens. Il y règne une atmosphère de club anglais, perpétuée par des membres qui partagent la conviction que s'il est très difficile d'être membre du club (ce qui est exact), c'est qu'il est très prestigieux (ce qui est excessif). Après avoir terminé mes études, j'avais choisi le Conseil essentiellement parce que j'avais compris qu'on y était très libre, qu'on n'y avait pas réellement de patron, qu'on pouvait y devenir un bon juriste, que Léon Blum avait fait, au même âge, le même choix, et qu'on y travaillait au Palais-Royal, en plein centre de Paris, ce qui me paraissait être un luxe inouï.

Comme une bonne partie de ce qui tient encore debout en France, c'est Napoléon qui l'a créé dans sa forme moderne. Disons pour résumer qu'il s'agit de la plus haute des juridictions administratives de notre pays. Et citons, à l'intention de ceux qui se demanderaient si elle est vraiment importante ou réellement utile, ce qu'écrira l'Empereur dans son exil de Sainte-Hélène : « Ma gloire n'est pas d'avoir gagné quarante batailles ; ce que rien n'effacera, ce qui vivra éternellement, c'est mon Code civil et les procès-verbaux du Conseil d'État. »

C'était assez bien vu, même si je doute que l'institution soit aujourd'hui aussi précieuse à l'État qu'elle l'a été pour Napoléon.

Depuis plus de deux cents ans, le Conseil d'État fait le droit public, fournit des hauts fonctionnaires à la machine étatique et produit, de façon accessoire, des écrivains. Chacun jugera ce en quoi il est le plus utile au pays. Aujourd'hui, Erik Orsenna, François Sureau, Marc Lambron, Sophie Caroline de Margerie et quelques autres s'inscrivent dans une longue lignée de juristes-écrivains dont Stendhal a été le membre le plus éminent.

Au Conseil d'État, on écrit le droit. Et le style des décisions du Conseil a une réputation justifiée de précision, de concision et d'abstraction. C'est en apprenant à les rédiger que j'ai appris la rigueur dans l'expression. À ne pas employer un mot pour un autre. À choisir mes verbes et à me méfier de l'inflation des adverbes. À tout dire sans

rien oublier et en un minimum de mots. Je dis
bien : « j'ai appris » ; je ne prétends pas que je m'y
tiens ! J'y ai aussi considérablement amélioré mon
orthographe, chaque décision dont je proposais la
rédaction étant lue et relue par plusieurs conseillers
d'État au sens de l'humour très limité sur les questions de rectitude formelle.

Il peut paraître paradoxal de découvrir le plaisir
d'écrire en se confrontant à des textes juridiques
dont la réputation d'aridité et d'austérité est
fondée. Mais même le caractère quelquefois hermé-
tique du vocabulaire juridique répond à une nécessité absolue : une décision de justice ne souffre pas
l'imprécision, en tout cas pas l'imprécision invo-
lontaire, car il arrive, pour préserver l'avenir, pour
se laisser un peu de champ, que les juges, sur une
question compliquée, choisissent de conserver une
forme de flou. Mais même dans ces hypothèses, il
faut être précis pour encadrer l'imprécision.

Et puis il y a ce que nous raconte le droit, de
notre société et de notre Histoire, et ce qu'il
conduit à imaginer. C'est particulièrement vrai du
droit administratif qui a longtemps été jurispru-
dentiel, élaboré au fil du temps et en fonction de la
confrontation entre la réalité et les principes.

Les Grands Arrêts de la Jurisprudence Administrative sont d'abord un recueil que connaissent les

juristes ; mais c'est aussi, pour peu qu'on le veuille bien, un voyage dans le temps, un catalogue d'évocations littéraires et un formidable instrument pour exciter l'imagination. L'arrêt Blanco (Tribunal des Conflits, 1873), qui établit la responsabilité de la puissance publique et fonde le droit administratif français ? C'est Zola, la condition ouvrière et celle des enfants à la fin du XIXe siècle. Et qu'est-elle devenue, cette petite fille de cinq ans, cette malheureuse Agnès amputée d'une jambe ? A-t-elle au moins su que son nom terroriserait des générations d'étudiants en droit ? L'arrêt Action française (Tribunal des Conflits, 1935) à l'origine de la notion de voie de fait ? C'est la fureur et le tumulte des années trente, un régime à bout de souffle, les manifestations des Ligues, le début de la radicalisation d'un Brasillach ou d'un Drieu la Rochelle et la naissance de l'antifascisme littéraire et politique. Et l'arrêt Véron-Réville (Conseil d'État, 1949), qui pose le principe de la réintégration du fonctionnaire illégalement évincé de l'administration ! Celui-là nous fait carrément aborder les rivages de la science-fiction et de l'imaginaire le plus audacieux. Citons les conclusions du commissaire du gouvernement de l'époque, Raymond Odent : « La règle selon laquelle un acte annulé est réputé n'avoir jamais existé présente ce caractère contradictoire d'être à la fois une nécessité et une fiction. » En une phrase, toute de concision et d'élégance, on évacue la question lancinante du paradoxe temporel qui a inspiré et tourmenté tant d'écrivains de l'imaginaire, d'H.G. Wells à René Barjavel, et même des scientifiques comme Stephen Hawking. Le voyage dans le temps expliqué, et prouvé, par le Conseil d'État... Comprenons-nous bien : le juge annule un acte, et dans le même temps qu'il l'annule, il doit expliquer que cette annulation a pour effet de le faire disparaître totalement, depuis toujours, de l'ordonnancement juridique. Il est réputé n'avoir jamais existé. Le langage prend le pas sur la réalité. Allez vous tromper de mot après ça...

L'intitulé des arrêts lui-même est souvent un plaisir pour l'imagination et ferait le bonheur de bien des écrivains. Bon, j'exagère un peu. Mais à peine : Syndicat des patrons coiffeurs de Limoges, Société des granits porphyroïdes des Vosges, Syndicat général des fabricants de semoules de France, Association ornithologique et mammalogique de Saône-et-Loire... et voilà une invitation au voyage dans la France de Marcel Aymé ou d'Antoine Blondin ! Ou encore : Abbé Bouteyre, Dame Cachet, Dames Dol et Laurent, Demoiselle Bobard, Dame veuve Trompier-Gravier...

des titres de *La Comédie humaine* ou des Rougon-Macquart !

Je sentais que j'aimais écrire. Je sentais que j'étais capable d'écrire un article, une note, un rapport, une décision de justice, un contrat. Mais je ne savais pas si je saurais écrire un livre.

J'ai tourné autour de l'idée longtemps et c'est la conjonction d'une absence et d'une rencontre qui m'a permis de franchir le pas.

En 2005, Alain Juppé, pour qui j'avais travaillé de 2002 à 2004 était au Québec. Sa carrière politique avait connu un coup d'arrêt, que beaucoup jugeaient fatal, avec sa condamnation dans l'affaire des emplois fictifs de la ville de Paris. Il avait dû démissionner de la présidence de l'UMP, de son mandat de député et, probablement le véritable crève-cœur, de son mandat de maire.

Son départ, ma démission consécutive du poste de directeur général de l'UMP où il m'avait recruté, et que je ne concevais pas d'exercer sous l'autorité de son successeur, avaient créé un grand vide. J'étais devenu avocat mais Juppé me manquait et l'arène politique nationale aussi. Je n'étais pas seul. L'autre « bras gauche » d'Alain Juppé, Gilles Boyer, qui avait été son directeur de cabinet à Bordeaux et qui, après son départ, avait voulu

175

revenir à Paris pour travailler ailleurs que dans le monde politique, vivait l'absence d'Alain Juppé avec un mélange de confiance absolue dans la suite et de grand désœuvrement dans le présent.

Gilles avait envie d'écrire un livre. Moi aussi. Nous l'avons fait à deux.

Écrire un roman à deux est un exercice savoureux. On est à la fois moins seul, ce qui est précieux, et en même temps il faut se mettre d'accord. Sur tout. Tout le temps. Ça rapproche. Écrire est ainsi devenu le ciment d'une amitié très forte et très solide. Il n'y a guère de jours qui se passent, lorsque nous écrivons, où nous ne nous appelions plusieurs fois pour évoquer un personnage ou une situation, pour tester une formule ou l'angle le plus adapté à la rédaction d'une scène en particulier. Plusieurs mois à ce rythme, plusieurs années même s'agissant de notre deuxième livre, et vous construisez forcément une relation très particulière. On dit parfois d'un livre qu'on termine qu'il est le fruit d'une longue grossesse. En l'occurrence, nos deux romans ont eu deux pères, qui ont également porté l'enfant. Les plus conservateurs s'en offusqueront et les plus poètes y verront la marque que la littérature peut en effet changer le monde.

Écrire à deux, puis seul, c'est jubiler à la perspective de se servir de la langue française pour raconter une histoire. La forme et le fond. Sans jamais penser que l'un ou l'autre serait plus important. C'est la tension entre le fond et la forme qui fait l'écriture. Les exercices de style du Nouveau Roman ne m'ont jamais soulevé l'âme, parce que le style ne dit pas grand-chose quand il est seul. Et à l'inverse, je n'ai jamais vraiment compris les exercices consistant à dire aux élèves que l'important n'était pas la forme mais « d'avoir quelque chose à dire ». Tout le monde a quelque chose à dire. Et bien souvent cela n'a pas grand intérêt. C'est la forme qui change tout. C'est la recherche formelle qui transforme la communication et l'expression naturelle en quelque chose qui se rapproche de la littérature.

Le seul domaine sur lequel Gilles et moi nous sentions à l'aise pour écrire était le monde politique. Nous en connaissions déjà les arrière-boutiques, les bons et les mauvais moments, les codes (enfin, certains) et la fascination, dont la répulsion n'est jamais absente, qu'il peut exercer sur nos concitoyens et sur les lecteurs. Après tout, lectorat – électorat, à une lettre près –, le public concerné n'est pas très différent.

Nous avons donc choisi un domaine et un genre. La politique, par le roman. Et pas n'importe quel type de roman, le « polar ». Parce que nous aimons tous les deux ces histoires noires, les histoires d'espionnage ou de mafia où les rapports de force sont exacerbés et le tréfonds de l'âme humaine présenté sur un plateau.

J'emploie ce mot de polar à dessein. Il est, comme on dit, « familier » et sa terminaison en « ar » signe son origine un peu relâchée, voire argotique. On se découvre quand on entre dans une cathédrale ou dans un roman de Tolstoï, mais on peut être débraillé pour lire un polar ; c'est même plus agréable. C'est un livre qu'on aborde sans précaution particulière, à la recherche du seul plaisir de lire et sans craindre une déception énorme ni espérer un éblouissement total. C'est un fait : il y a tellement de polars que le niveau est forcément inégal. Mais je n'ai pas honte de le dire : même lorsqu'il n'est pas très bon, je peux y prendre un vrai plaisir. C'est le principe du relief : on ne l'apprécie jamais autant que lorsqu'on connaît aussi les étendues planes. Donc, va pour « polar ». C'est un mot que j'aime bien et qui a d'ailleurs un avantage sur l'appellation trop précise de « roman policier » : on y met un peu ce qu'on veut ; le héros — ou l'anti-héros ! — n'est pas nécessairement un policier ou un détective, il n'y a pas nécessairement meurtre, recherches d'indices et enquête. Il suffit qu'il y ait du suspense et que s'y déploient les aspects les plus sombres de l'âme humaine : violence, passion désordonnée, haine, amoralité, mensonge, compétition effrénée. Ce n'est pas pour rien qu'on l'a aussi appelé « roman noir ». Il faut bien reconnaître que le polar reflète une vision assez cynique et désabusée de l'humanité.

Faut-il en tirer des conclusions sur les raisons qui peuvent conduire quelqu'un qui a choisi l'engagement politique à aimer le polar ?

Ce qui est certain, c'est que dans mon panthéon personnel, constitué des quelques livres qui m'ont donné envie d'écrire des romans, les polars se taillent une bonne part.

Vendetta, par exemple. *Vendetta*, de R. J. Ellory, un auteur britannique qui s'est imposé assez rapidement dans le milieu très « concurrentiel » des meilleurs auteurs de polars. Sa force réside dans la noirceur de son propos et dans la très remarquable qualité littéraire de ses livres. Son nom complet est Roger Jon Ellory, mais c'est comme Lawrence d'Arabie ou Tolkien : on dit toujours T.E. Lawrence et J.R.R. Tolkien, jamais Thomas Edward ou John Ronald Reuel. Du coup, il est parfois confondu avec J. Ellroy (c'est-à-dire James) son presque homonyme, mais américain celui-là, auteur lui aussi de polars magnifiques de noirceur et de désabusement.

Des hommes qui lisent

Le terrain de jeu préféré de l'Anglais Ellory se trouve aux États-Unis, souvent, mais pas toujours, dans ses recoins les plus perdus. Au risque d'être pris pour un juriste fou, je dois tout de même relever que le polar américain est admirablement servi par le droit local. Le deuxième amendement de la Constitution américaine autorisant chacun ou presque à se procurer assez facilement n'importe quel outil permettant de mettre brutalement fin à la vie de son prochain – à l'exception peut-être du mortier et du lance-roquettes mais même cela, je n'en suis pas sûr –, les intrigues s'en trouvent facilitées d'emblée.

Vendetta est le roman d'un tueur, justement. Un vrai tueur, brutal, calculateur, pervers et remarquablement intelligent. Un tueur qui n'est pas sympathique. Un tueur qui se trouve être aussi un père, un homme qui pense, qui doute et qui souhaiterait construire quelque chose. *Vendetta* n'est pas le roman d'une rédemption, c'est le roman d'un apprentissage, celui de sa propre violence et de sa propre inhumanité. Le livre est exceptionnel par l'intensité de ce qu'il décrit, par sa construction, par la profondeur des personnages innombrables qui y prennent vie. On ne s'y perd jamais, mais on est oppressé en permanence, comme si l'humidité et la chaleur de La

Nouvelle-Orléans vous saisissait et vous collait la chemise au corps.

Et *La Compagnie*, de Robert Littell, formidable roman de la C.I.A., depuis sa création jusqu'à la chute du mur de Berlin et qu'on hésite à qualifier : roman historique ? thriller ? documentaire ? enquête ? « Dans la fiction tout doit être fictif », écrivait Julien Gracq. Et pourtant tout est vrai dans cet ouvrage de Littell conçu comme un roman d'espionnage. Car ce qui compte n'est pas tant le détail de telle ou telle opération ou l'explication de l'échec du débarquement anticastriste de la Baie des Cochons, en 1961 ; c'est la vérité des hommes, c'est leur destin, c'est la fatalité qui conduit parfois, par patriotisme et en raison d'idéaux élevés, à s'engager dans les voies tortueuses de l'injustice, du mensonge et de la trahison. C'est dans *La Compagnie* que j'ai trouvé l'idée de ne désigner les héros d'un roman que par leur surnom. Ceux qui ont lu *Dans l'ombre* ont, peut-être sans s'en rendre compte, contribué à un hommage rendu à Littell. Pour ceux qui aiment l'espionnage, qui se régalent des premiers Le Carré, Littell est une mine, capable de vous raconter la défection d'un agent mieux que personne et de vous laisser penser, sans y toucher, que Philby est en réalité une taupe américaine infiltrée au sein du KGB.

Et *La Taupe*, de John Le Carré, qui est le premier tome d'une trilogie qui relève à mon sens autant de la littérature d'espionnage que de la littérature tout court. Comme si le roman de genre permettait de revenir à l'esprit initial du roman, c'est-à-dire une histoire qui permet de découvrir un milieu, une problématique, une époque. Les entrelacs de la tromperie et de la trahison se mélangent aux états d'âme des combattants de la guerre froide qui perdent peu à peu leur prise sur le monde. Férocité tranquille, nostalgie affleurant, humour détaché, description admirable des sinuosités de l'esprit et des complexités administratives à l'œuvre dans une opération d'espionnage, tout y est. La forme et le fond.

Gilles Boyer et moi avons écrit deux romans, *L'Heure de vérité*, en 2007, et *Dans l'ombre*, en 2011. Comme on ne parle pas de ses propres ouvrages (cela avait coûté une polémique à R.J. Ellory), je me bornerai à décrire l'incroyable plaisir qui s'attache à l'écriture d'un roman, à la création d'une histoire, de personnages à qui on donne vie et qui longtemps après que le livre est terminé, publié, et oublié, continuent de vivre avec leurs auteurs. Écrire pour un lecteur, c'est comme avoir

Écrire

l'occasion de faire la cuisine pour un gourmet ; c'est découvrir autrement ce qu'on aime, en goûtant à la fois un peu mieux et un peu différemment ce que l'on a depuis toujours devant les yeux.

Écrire, c'est aimer lire encore un peu plus.

12.

À livre offert

Deauville est située juste en face du Havre, sur la rive sud de l'estuaire de la Seine. Je le précise car, si c'est une évidence pour les Normands, ce n'est pas nécessairement connu ailleurs. Il faut bien admettre que, si beaucoup de Français ont entendu parler du Havre et de Deauville, il ne leur vient peut-être pas spontanément à l'idée d'associer ces deux villes.

Difficile en effet d'imaginer deux cités plus dissemblables.

La première est vaste, industrielle, portuaire, populaire ; détruite par la guerre, elle s'est reconstruite en béton comme pour provoquer et affirmer sa modernité. Pour les Havrais, la mer est une affaire sérieuse : elle a porté les vaisseaux du Roi, les grands paquebots transatlantiques et elle est aujourd'hui l'autoroute qu'empruntent les plus gros porte-conteneurs du monde. Le Havre est ouvrier, un peu rugueux et fier de l'être, et a une des plus belles plages de galets de France.

L'autre est petite, presque rurale, touristique, riche ; elle s'enorgueillit de son architecture néo-normande et se pique d'élégance. Ici, la mer se fait décor aimable et fournit l'arrière-plan pittoresque des planches et des parasols aux couleurs vives. Deauville est bourgeoise, voudrait rester discrète tout en étant fière d'être parfois décrite comme le XXIe arrondissement de Paris, et entretient le bon ton avec autant de soin que le sable régulièrement retourné de son immense plage.

Deauville, Le Havre. Deux villes que tout devrait opposer et qui sont pourtant inséparables, comme deux sentinelles sur les rives de l'Estuaire. Dissemblables, et pourtant unies par un destin commun. Rassemblées par un estuaire qui peut aussi bien opposer ses rives qu'offrir à ses habitants des possibles complémentaires. Les deux villes constituent, ensemble et avec d'autres, un « Pôle métropolitain de l'Estuaire de la Seine ».

À livre offert

Depuis la fameuse plage de sable de Deauville on voit distinctement, au nord, les cheminées de la centrale EDF qui trônent au milieu de la zone industrialo-portuaire du Havre. Même lorsque le temps est brumeux ce qui, il faut bien le reconnaître, arrive tout de même quelquefois, on les distingue encore. Les plus spirituels des convives d'un dîner finiront toujours par vous dire que si vous ne voyez pas les cheminées de la centrale c'est qu'il pleut, et que si vous les voyez, c'est qu'il va pleuvoir…

Pour moi, ces cheminées symbolisent Le Havre presque autant que le « Volcan » d'Oscar Niemeyer ou que l'église Saint-Joseph, chef-d'œuvre d'Auguste Perret. Elles n'ont pourtant rien d'original. Elles sont identiques à toutes celles qui ont été construites au cours des années 60 pour équiper les centrales thermiques, symboles altiers du règne d'EDF dans l'imaginaire français, avant que le nucléaire et la production d'électricité décarbonnée ne viennent ranger ces géantes au rayon des gloires dépassées et encombrantes. Et pourtant. Ces cheminées, merveilleux amers, m'ont plus d'une fois guidé à l'entrée du port. Quand on est enfant, et qu'on apprend à barrer, la cheminée EDF, qu'il est difficile de rater et qui bouge assez peu, permet de caler le cap efficacement. Quand, miracle conjugué des redondances industrielles et des capacités d'investissement public presque illimitées d'avant la crise de 1973, il y en a deux, on peut même assez rapidement vérifier comment on tient le cap qu'on s'est fixé. Tous les marins comprendront.

En outre, je suis un peu le produit de ces cheminées.

Mon grand-père maternel, Lucien Lahousse – celui qui lisait *Les Confessions* de saint Augustin dans son Oflag –, était ingénieur, lillois, et démocrate-chrétien. Il était venu s'installer au Havre dans les années 60 pour les construire, elles et la centrale. Il a été le premier directeur de la production. Ces cheminées étaient ses bébés, et il y tenait comme on tient à quelque chose qu'on a fait, qui est utile, qui fonctionne bien et longtemps. Si EDF ne les avait pas construites au Havre il ne serait pas venu s'y installer, avec sa femme, sa fille et ses deux fils. Et il y a fort à parier que la fille de ce bourgeois catholique de Lille n'aurait jamais rencontré le fils d'un classeur de coton havrais et athée.

Bref, je les aime bien ces cheminées. Je les aime tellement que je veux les garder et les montrer, plutôt que de faire semblant de les cacher en les peignant couleur de ciel. Et d'ailleurs, comment choisir cette couleur en Normandie, où les ciels sont immenses et où leurs couleurs changent en permanence ? Depuis février 2017, elles sont donc illuminées toutes les nuits, œuvres d'art industrielles, uniques et changeantes. On les voit encore mieux au Havre, et de Deauville.

Dans le fond, c'est peut-être aussi parce ce qu'on y voit si bien Le Havre que j'aime Deauville.

Et il se trouve qu'à Deauville, il n'y a pas seulement des jolies boutiques, des hôtels somptueux et des visiteurs branchés. Il y a aussi un maire qui s'appelle Philippe Augier.

Philippe aime les livres, aime les lire et aime les offrir.

Lorsqu'il invite à dîner, il ne se soucie pas seulement d'assembler autour de lui des convives qui pourront échanger, débattre, se découvrir eux-mêmes et les uns les autres, ni de choisir de bons vins pour que les papilles s'enchantent au fur et à mesure que les esprits se délieront, ni de lancer, pendant l'apéritif, des sujets de conversation qui mettront à l'aise les convives les plus timides. Il n'est pas simplement un hôte bien élevé, ce qui est après tout rare et précieux. Il est un ami soucieux de partager quelque chose. Et ce quelque chose prend la forme d'un livre.

Chaque convive trouve, dans la serviette qui l'attend à la place où il est invité à s'asseoir pour dîner, un livre. Pas le même livre pour, disons, la douzaine de convives présents. Non, un livre particulier pour chacun. Un livre choisi par Philippe et offert à chacun de ses invités en fonction de ce qu'il sait d'eux, de leurs goûts, de leurs intérêts, ou pour le simple plaisir de leur faire découvrir quelque chose. On a assez peu souvent la chance de passer à table et de trouver immédiatement des sujets de conversation passionnants avec une dizaine de personnes que l'on connaissait peu, ou pas du tout, quelques instants auparavant. C'est pourtant le miracle que réussit le maire de Deauville. Chacun s'étonne, s'émerveille, compare, échange et débat sur les raisons qui ont présidé aux choix de Philippe. Difficile d'imaginer meilleur moyen de briser la glace et d'établir, immédiatement, une convivialité de bon aloi. En outre cela présente un autre avantage : les invités en oublient de parler des cheminées du Havre qu'on voit parce qu'il va pleuvoir ou qu'on ne voit pas... etc.

Offrir un livre n'est pas neutre. Offrir quelque chose ne l'est jamais vraiment d'ailleurs. Mais on dit bien des choses par l'intermédiaire d'un livre, qui n'est pas un objet comme les autres.

Je ne suis certes pas fétichiste. Je ne sacralise pas LE livre. Même si je peux les comprendre, je ne serai jamais un de ces bibliophiles capables de dépenser des fortunes pour telle ou telle édition rarissime d'un ouvrage, ou de lui faire subir des traitements préventifs et curieux pour en préserver la valeur patrimoniale. D'abord pour des raisons de moyens... et ensuite parce que je suis convaincu qu'un livre est fait pour être ouvert, fermé, rouvert, manié, déplacé, bougé, et pourquoi pas corné et annoté ! Je ne parle pas des incunables, évidemment. Bref, un livre doit vivre, et circuler. C'est ce que nous faisons au Havre avec ce que nous avons appelé « Les Livres Nomades » : les ouvrages retirés des collections des bibliothèques municipales, ou donnés par des particuliers, sont disposés sur des présentoirs installés dans toute la ville. Dans des lieux publics : Centre communal d'action sociale, Hôpital, etc., mais aussi privés : laveries automatiques, hôtels, pharmacies... Ils sont à la disposition de tous, en libre accès, gratuitement, et sans inscription. Ils peuvent être feuilletés, emportés, gardés, prêtés à des amis ou des collègues de travail, et remis en place dans n'importe quel autre point de distribution... ou pas. Il est sans doute arrivé que certains lecteurs gardent ces livres nomades, en leur imposant une re-sédentarisation temporaire. Cela n'a guère d'importance. L'essentiel est de susciter l'appétit de lecture et de découverte culturelle partout et pour tous. L'idée n'est d'ailleurs pas originale et on se souvient qu'une telle opération avait lieu dans le métro de Londres il y a quelques années : elle s'appelait Books on the Underground et peut-être existe-t-elle toujours.

Mettre à disposition des livres, les faire circuler, c'est bien. Offrir un livre, c'est mieux encore, et cela n'a rien d'anodin.

Mais que les choses soient claires : je n'offre jamais mes livres. Les livres que j'ai achetés (ou qu'on m'a offerts), lus, et installés dans ma bibliothèque y sont incessibles, inamovibles et imprêtables. Je suis jaloux de mes livres. De ceux que j'ai aimés, de ceux qui ne m'ont plu que modérément et même de ceux dont je soupçonne que je ne les lirai, ou relirai, jamais. Ils sont là, avec moi, et j'entends bien ne jamais m'en séparer. Le fait d'être assuré de leur présence est profondément rassurant. Qui dit que je n'aurai pas bientôt besoin de lire cet ouvrage dont je n'ai jusqu'ici parcouru, faute de temps, que la quatrième de couverture ? Qui dit que je n'aurai pas envie, un jour, de reprendre enfin le roman qui, il y a quelques années, m'était tombé des mains ? Appelez cela de l'égoïsme ou de la possessivité si vous voulez mais le fait est là : je ne donne pas mes livres. Et je les prête encore moins, même à mes meilleurs amis, pour respecter le vieil adage selon lequel un livre prêté est un livre perdu. Je suis sûr que beaucoup de ceux qui aiment lire me comprendront. Et les bibliothécaires, pour lesquels j'ai du respect et de l'admiration, qui liront ces lignes pourront me maudire. Mais je le maintiens : un livre prêté est un livre perdu.

Il m'arrive du coup d'acheter plusieurs fois un livre que j'ai lu et aimé afin de l'offrir à d'autres. Et quel plaisir d'offrir à un ami un livre que vous avez aimé, qu'il ne connaît pas, mais dont vous savez qu'il lui plaira et qu'il suscitera un lien supplémentaire entre lui et vous ! Offrir un livre, cela signifie qu'on a, comme Philippe Augier le fait en préparant ses dîners, pris le temps de penser à quelqu'un : quels sont ses goûts ? Cela lui correspond-il ? Va-t-il apprécier ? Ou qu'on l'aime suffisamment pour avoir envie de partager avec lui, ou avec elle, l'ouvrage qui vous a vous-même transporté, bouleversé ou simplement intéressé.

François Mitterrand, dont on peut tout dire sauf qu'il n'était pas un homme de culture, l'avait bien compris : pour exprimer son intérêt à une dame, il commençait par lui offrir un exemplaire de *Belle du Seigneur*, d'Albert Cohen... Je ne sais pas si l'anecdote, que j'ai trouvée dans *Le Palais des livres*, essai de Roger Grenier paru en 2011, est exacte. Mais elle correspondrait assez au personnage de

Mitterrand d'une part, et à la force symbolique du livre offert d'autre part...

Le livre offert construit une complicité. Il renforce une relation, il ébauche sa construction, il signifie quelque chose qui ne se résume pas au cadeau. Et j'ai le sentiment que c'est toujours plus fort, et moins anodin, que des fleurs ou qu'une boîte de chocolats.

Pourtant, et étonnamment, je ne me souviens pas avoir jamais lu une histoire d'amitié ou de relation fondée sur les livres et sur le don ou l'échange de livres. La littérature est pleine des rapports qu'entretiennent les personnages avec les livres et la lecture, et de l'influence qu'ils ont sur eux. Ils sont quelquefois dévorés par les livres comme Don Quichotte, obsédé par les romans de chevalerie, ou Emma Bovary fuyant son ennui dans des romans à l'eau de rose. Ou ils se révoltent contre eux, comme le jeune Sartre qui y voit une imposture, ou comme Anna Karénine, l'anti-Madame Bovary et dont le destin est pourtant tout aussi tragique : « Anna lisait et comprenait ce qu'elle lisait, mais la lecture, c'est-à-dire le fait de s'intéresser à la vie d'autrui, lui devenait intolérable, elle avait trop besoin de vivre par elle-même. » Mais Sartre, Cervantès, Flaubert ou Tolstoï ont-ils décrit le bouleversement produit non par un livre trouvé, acheté ou cueilli sur les rayons d'une bibliothèque, mais « offert » ? Ont-ils évoqué, eux ou d'autres, les relations de deux êtres liés par un livre, offert par l'un et reçu par l'autre, l'évolution positive ou négative que cela produit chez eux, les bouleversements inattendus ou intentionnels qui en découlent ?

Je ne sais pas. Je n'ai pas suffisamment lu. Je ne suis pas un littéraire, mais un lecteur et quelqu'un qui aime la littérature. Je me souviens de Julien Sorel plongé dans *Le Mémorial de Sainte-Hélène* jusqu'à perdre conscience du monde qui l'entourait, mais pas que l'Abbé Chélan lui ait offert cet ouvrage en particulier. Le brave prêtre ne souhaitait certainement pas éveiller la « conscience sociale », ni l'ambition, de Julien. Il avait simplement ouvert sa bibliothèque à un jeune homme pour qui il éprouvait de l'affection.

Le livre offert est pourtant une des choses les plus répandues. C'est le geste de Philippe Augier envers ses invités. Ce sont les ouvrages que j'apporte à Magid, qui m'apprend à boxer. Ce sont les livres que j'échange de temps à autre avec mon ami Arnaud, qui est banquier, mais qui lit beaucoup (ce qui n'est donc pas incompatible). Depuis plus de vingt ans, nous échangeons des livres qui nous rendent moins bêtes : une fantastique histoire du pétrole (*The Prize*), une description intelligente de la campagne russe de Napoléon (*1812*)... Sans que cela fasse l'objet d'un pacte, ou d'une règle, nous nous offrons à intervalles réguliers des livres dont nous savons qu'ils sont bons et qu'ils vont plaire à l'autre.

Ce sont les livres que vous, qui me lisez, offrez à vos enfants, à vos parents, à vos petits-enfants. C'est souvent dans le sens grands-parents petits-enfants, question de génération sans doute. Et certains peuvent marquer, durablement.

Mon grand-père maternel – celui des cheminées de la centrale thermique du Havre – n'était pas seulement ingénieur et démocrate-chrétien ; il était aussi sincèrement, vigoureusement et profondément anglophile. Aussi intensément animé de sentiments amicaux à l'égard des Anglais que mon autre grand-père, paternel, lui, les détestait. Les grands écarts familiaux sont toujours saisissants.

Que Lucien Lahousse, ingénieur lillois, cultivé et conservateur, ait pu être fasciné par les Britanniques n'avait au fond rien d'original. Né en 1914, il avait grandi, enfant, entouré des fantômes de ceux de 14, tombés au front, et des douleurs de ceux qui étaient revenus. À Lille, derrière le front, la Première Guerre mondiale avait été marquée par une occupation féroce, des privations sévères, et je me souviens d'avoir entendu, enfant, de la part de vieilles grand-tantes, que la première occupation avait tout de même été bien plus dure que la seconde. L'Allemand était l'ennemi. Et l'Anglais, qui s'était battu avec nous en 14 et qui avait ensuite résisté au nazisme et fini par l'emporter au prix de lourds sacrifices était forcément un ami.

Il y aurait bien des romans à écrire sur ce que mon grand-père avait vécu pendant la Seconde Guerre mondiale. Il en parlait peu, et avait développé une capacité à faire semblant de commencer à raconter quelque chose lorsque je lui posais des questions précises pour être ensuite interrompu (comme miraculeusement) sans pouvoir jamais terminer ce qu'il n'avait, au fond, pas envie de raconter. Après trois ans de service militaire de 1936 à 1939, il avait, jeune lieutenant d'artillerie, été mobilisé en 1939, fait prisonnier en 1940 et passé les cinq années suivantes dans un camp de détention, dans le nord de l'Autriche, près de la frontière tchèque, exposé à l'ennui, au froid, à la faim et à la frousse. Il en était revenu en 1945 avec la ferme intention de vivre, l'habitude de ne manger que la moitié de la portion qui lui était destinée, puis la moitié de celle qui subsistait, et la capacité, impressionnante à mes yeux, à faire des parts parfaitement égales lorsqu'il devait découper des tartes ou des portions à manger. J'ai appris, tard, car il n'en parlait jamais, que cette faculté, incarnation à mes yeux de ce qu'était la justice, puisait autant aux racines d'une éducation chrétienne qu'à l'expérience du partage à l'Oflag, où il était chargé de répartir les colis d'alimentation que recevaient, parfois, les prisonniers.

Je ne sais pas grand-chose de sa captivité. De ces cinq longues années, passées enfermé, loin de son pays, loin de sa famille, de ses amis. De ces années dont rien ne permettait de savoir quand elles s'achèveraient. Je sais seulement qu'il était entouré d'officiers, pour l'essentiel français. Pour tuer le temps, je sais que ceux qui avaient fait des études préparaient, pour les autres, des conférences. Je sais qu'il avait peu accès à la presse, et que ne parlant pas l'allemand, il déchiffrait la presse italienne lorsqu'il le pouvait. Je ne sais pas s'il pouvait lire beaucoup. Mais comme je l'ai dit, j'ai retrouvé, après sa mort (à quatre-vingt-treize ans) une édition bilingue latin-français des *Confessions* de saint Augustin, annotée « Lahousse Lucien, Lieutenant 1723, Oflag XVII. A – B23 – Deutschland ». Dans l'étude des textes théologiques, dans la pratique du latin, il trouvait sans doute la discipline et la liberté intellectuelle dont la détention et la promiscuité entendaient le priver.

À livre offert

Était-ce une inclinaison naturelle de son esprit, ou le souvenir d'une promiscuité pénible à vivre, ou une fascination pour la capacité des Britanniques à réfléchir en questionnant plutôt qu'en assenant ? Lucien Lahousse avait une façon bien à lui de faire valoir son point de vue. Il théorisait peu, donnait systématiquement des exemples, posait des questions et les posait de telle façon qu'à la fin il vous imposait de réfléchir et de prendre en compte ses arguments.

Il y a chez les Anglo-Saxons un art particulier de la réflexion par le questionnement. Là où les Français assènent une thèse, construite, argumentée, charpentée, cohérente (dans le meilleur des cas), d'autres, et notamment nos voisins d'outre-Manche, exposent par petites touches, par une succession d'exemples, par des questions qui amènent, comme dans un entonnoir, à une vérité au fond aussi solide que la nôtre. Tout ingénieur français qu'il était, mon grand-père avait cultivé cette forme d'esprit à laquelle j'ai mis du temps à être sensible.

Une chose est certaine, lorsqu'il avait quelque chose en tête, rien n'était laissé au hasard. Et donc, lorsqu'il m'offrait des livres, il y avait un message.

Rien à voir avec le hasard lorsqu'il m'offrait les œuvres de Thucydide. Il savait que j'aimais

199

l'histoire, que j'aimais l'Antiquité, et il pensait, sans le dire, qu'il fallait toujours lire les sources plutôt que les commentaires des sources. Et il trouvait, je crois, qu'on était bien trop léger avec les classiques en France, alors qu'au Royaume-Uni, on se fait les dents dessus et qu'aucun jeune homme féru d'histoire antique n'ignorerait Thucydide ou Gibbon.

Rien à voir non plus avec le hasard lorsqu'il me fit découvrir le *Disraeli* d'André Maurois. Premier ministre préféré de la reine Victoria (au moins à la fin), infatigable promoteur de l'Empire britannique mais aussi avocat, homme de presse, auteur et romancier à succès, Benjamin Disraeli est romanesque par excellence. D'origine modeste, il est conservateur mais à bien des égards libéral dans ses conceptions économiques et sociales, souvent audacieux et toujours loyal, à la Reine et à l'Empire. Pourquoi mon grand-père trouvait-il judicieux de m'offrir, vers mes vingt ans, cette biographie relativement courte d'un homme politique anglais dont on a dit que la complexité de sa vie rendait futile l'idée de la raconter ? Probablement pour me signifier qu'il fallait ne pas oublier de se cultiver à l'étranger, ne pas connaître que l'histoire politique de son pays mais aussi celle des autres. Sans doute pour me laisser penser que la discipline à son propre parti passait toujours derrière l'expression de sa liberté intellectuelle et de ses convictions. Peut-être pour me montrer qu'un conservateur pouvait être fascinant, en tout cas au moins autant qu'un social-démocrate. Certainement pour m'inciter à mieux connaître l'histoire britannique. Ou simplement parce qu'il aimait bien André Maurois. Ou pour tout cela à la fois. Toujours est-il que ce livre offert m'a travaillé, comme une poutre de bois travaille avec le temps. Et sans jamais en avoir parlé directement avec lui, je suis certain qu'il a observé, au fil du temps, au fil de mes transformations, combien pour faire évoluer quelqu'un, offrir un livre peut être utile.

Offrir un livre, c'est transmettre une partie de soi.

Il fut un temps, pas très lointain, où cette transmission passait essentiellement par les livres.

Elle sortait même du cadre familial, investissait l'espace public, devenait un rite officiel et éminemment républicain : c'était la « distribution des prix ». Cette remise de livres aux élèves de primaire les plus méritants s'accompagnait de tout un cérémonial en présence des familles bien sûr, mais aussi du maire, des notabilités, voire quelquefois du sous-préfet lui-même : il y a des circulaires de Jules

Ferry à ce sujet ! Je n'ai pas connu cette époque qui a disparu en même temps que les tableaux d'honneur, les bons points et les uniformes scolaires. Il m'arrive, moi qui suis étranger à la nostalgie et assez imperméable au « c'était-mieux-avant », de le regretter. Offrir un livre, ou marquer solennellement qu'il est une récompense de choix qui reconnaît le mérite et le travail : dans tous les cas il s'agit de transmission. De transmission de culture, de mémoire, de plaisir. Les livres ne viennent pas naturellement à nous. Il faut toujours un grand-père, une mère, un maître, un professeur. Et sortis de l'enfance, quand nous sommes en mesure d'aller seuls vers les livres, il y a encore le partage, avec des amis, des auteurs ou des critiques.

Offrir un livre n'est jamais neutre et peut, entre deux individus, être l'instrument d'une transmission immatérielle, parfois indicible, mais puissante. Offrir un livre peut même devenir une façon de construire un peuple. Et plutôt que de présenter par le menu la diffusion effrayante du monstrueux *Petit Livre Rouge* chinois, censé forger un peuple à l'image des commandements de son avant-garde éclairée, c'est vers la Catalogne qu'il faut se tourner.

Il se trouve que le saint patron de la Catalogne est saint Georges, célèbre pour avoir terrassé le

dragon et sauvé la princesse que ce dernier s'apprêtait à dévorer. La légende nous dit qu'un splendide
rosier jaillit du sang du dragon tué par le *Sant Jordi*
catalan, et c'est pourquoi chaque 23 avril, jour de
la Saint-Georges, les hommes offrent des roses aux
femmes.

Mais l'histoire ne s'arrête pas là. En 1926, un
éditeur proposa aux libraires barcelonais d'organiser chaque année une fête de promotion du livre
et de la lecture. C'est le 23 avril qui fut choisi, à la
fois pour célébrer l'identité catalane et pour com-
mémorer la disparition du plus célèbre écrivain
espagnol, Cervantès, mort le 23 avril 1616.

Depuis, à la *Sant Jordi*, les hommes continuent
d'offrir des roses aux femmes et les femmes offrent
des livres aux hommes. Il est possible que certain(e)
s féministes trouvent à redire à cette « division des
tâches » de l'offrande qui réserve les fleurs aux unes
et les imprimés aux autres. Mais le succès de cette
fête des fleurs et des livres ne s'est jamais démenti
et l'Unesco a même proclamé, en 1995, le 23 avril
Journée Mondiale du Livre et du Droit d'Auteur.

Alors soyons catalans ! Offrons des livres au
moins aussi souvent que des fleurs. Et pensons à
cette part de nous-même qui passe avec le livre à
celui ou celle qui est l'objet de nos attentions !

13.

Paradis

Je me souviens que c'était en direct. Un dimanche matin sur Europe 1.

C'est assez impressionnant le direct.

Même lorsqu'après des années à enchaîner des petites interviews sur des radios locales ou des chaines régionales, à corriger de petites erreurs qui passent inaperçues aussi longtemps que vous n'intéressez personne, vous avez appris à ne pas avoir peur de la caméra ou du micro qui vous fixent, parler « en direct » reste un exercice particulier. Impressionnant bien sûr, excitant aussi. Sans montage, donc sans filet, vous devez répondre immédiatement à toutes les questions. Si c'est à la télévision, c'est encore plus délicat car tout ce que vous êtes répond pour vous : ce ne sont pas seulement vos paroles, ou le ton avec lequel vous les prononcez qui comptent, c'est votre nœud ou votre absence de cravate, votre coupe de cheveux ou votre barbe, votre sourire ou vos cernes, votre port de tête et votre regard tous ensemble qui parlent. Le pire c'est que désormais, même à la radio on est filmé. C'est paradoxal, mais c'est ainsi, et cela rend l'exercice encore plus difficile, car ce n'est plus seulement une pensée qui doit être maîtrisée, c'est un corps et une image.

Comme doit être maîtrisé le temps. Il est rare qu'on vous en offre suffisamment, et en tout cas jamais assez pour exprimer en termes simples une pensée raisonnablement nuancée. En somme il faut, brièvement, dire quelque chose et ne pas dire de bêtises. C'est bien souvent l'inverse qui se passe.

Ce matin-là, celui qui posait les questions était intelligent. Son sens de la formule m'avait toujours impressionné. Ce n'est pas rien d'être capable de ramasser, en quelques mots bien sentis, une idée, un sentiment ou une évolution. Dans ce petit studio au milieu d'une salle de rédaction, David Abiker animait l'émission à laquelle il m'avait invité. Il y mettait de la conviction et du talent, et derrière son apparente facilité, je savais qu'il y avait du travail, bien plus qu'il n'en laissait paraître.

J'étais en confiance ; prudent, concentré bien sûr, mais convaincu du caractère bienveillant de mon interlocuteur et de sa volonté de faire sortir le meilleur de moi-même pour intéresser ses auditeurs (sans doute peu nombreux à cette heure fort matinale un dimanche).

C'est sa question qui m'a fait basculer dans un abysse de perplexité. Elle était toute simple, dans le ton de l'époque, formulée avec suffisamment d'anglais pour paraître moderne et sur ce mode presque définitif qui traduit qu'en fait de question, c'était bien une opinion que proposait le journaliste.

« Est-ce que cette élection présidentielle (nous étions en 2016 ou en 2017) n'est pas marquée par un niveau inégalé de *story telling* ? »

Pendant que je répondais presque mécaniquement et avec le sourire, je me suis dit que décidément, non, on n'y arriverait pas, qu'enrichir le débat public en ne parvenant pas à donner un peu de profondeur historique ou de perspective était un pari perdu d'avance.

Le *storytelling*, c'est l'art, enfin ce qu'on désigne comme l'art, de présenter la politique, ses enjeux, ses candidats, leurs parcours comme un récit. La communication politique actuelle, qui peine à présenter de façon architecturée des débats idéologiques depuis que les idées intéressent moins que les postures, se serait jetée sur le *story telling* pour donner de la substance aux candidats, pour les inscrire dans une histoire personnelle qui révélerait ce qu'ils sont vraiment.

J'ai toujours été méfiant vis-à-vis de ceux qui pensent que quelque chose de radicalement nouveau peut arriver en politique. Je peine à déceler quelque chose de vraiment différent, ou de vraiment en rupture par rapport à des pratiques, des choix, des manœuvres qui ont pu être mises en œuvre avant nous. Je ne dis pas qu'il n'y a strictement rien de neuf sous le soleil. Les chaînes d'info en continu et les réseaux sociaux ont évidemment installé dans le paysage politique des outils nouveaux qui ont changé la donne et qui obligent ceux qui veulent entrer en relation avec leurs concitoyens à intégrer de nouvelles logiques.

Mais nouveau le *story telling* ? Pour quelqu'un qui ne connaîtrait pas Jules César, son souci constant de raconter et de mettre en valeur son parcours, de préparer l'esprit des masses présentes et à venir à la gloire qu'il récolte ; pour quelqu'un qui aurait raté la façon magistrale dont Napoléon a mis en scène la vie de Bonaparte, avec ce tableau du Sacre où David fait apparaître la mère de l'Empereur alors qu'elle est restée à Rome pour protester contre la façon dont son Empereur de fils traite son frère Lucien ; pour quelqu'un qui aurait oublié la façon dont le général de Gaulle construisait, au fur et à mesure de son parcours inégalé (et probablement inégalable), sa propre légende. Il y a quelque chose de savoureux, et en même temps de consternant, à penser que lorsque nous découvrons quelque chose, nous pensons que c'est nouveau. Bien souvent, c'est déjà là, et cela ne nous semble nouveau que parce que nous nous en rendons enfin compte…

Mais au-delà de cette question, et de ma réponse probablement maladroite, je me disais que nous n'y arriverions pas si les tenants du débat public, et singulièrement les hommes et les femmes politiques, ne lisaient pas plus. Si nous n'arrivions pas à nous extraire du court terme, de l'instant, de l'immédiat, de l'arbre que nous avons constamment devant les yeux et qui dissimule la forêt que non seulement nous ne voyons plus mais dont il semble parfois que nous n'ayons même plus l'idée.

Penser à cela en discutant avec David Abiker était sans doute injuste. Je connais bien des journalistes qui, plus que lui, se font écraser par la puissance de l'instant ou le zoom de l'immédiat. Et après tout, moi non plus je ne suis pas à l'abri de cette tentation. Je suis autant qu'un autre, et peut-être même plus que beaucoup d'autres, attentif à mes SMS, j'ai souvent l'œil rivé sur mon smartphone de peur de manquer « la » dépêche ou l'événement ou le message auxquels le « monde extérieur » – la presse, mes adversaires politiques, et même mes concitoyens – s'attend à ce que je réagisse.

La rapidité, l'immédiateté, la propagation virale d'une information, même fausse, l'apparente nécessité d'y réagir, la difficulté de la démentir, d'expliquer ou d'analyser en 30 secondes d'inter-view ou en 140 caractères de message font partie de notre monde. On peut le déplorer, mais c'est ainsi.

Face à cette tyrannie de l'immédiat, que faire ?

Chacun peut sans doute chercher en soi le moyen d'échapper au « court terme ». Mais lutter contre sa dictature, contre cette domination d'un présent immédiat et impératif, passe à mes yeux par la lecture, par cet exercice de lenteur et de réflexion qui doit permettre au lecteur (et singuliè-rement lorsque celui-ci se voit confier un mandat par le peuple français) de prendre le recul néces-saire par rapport à un quotidien fait de pression médiatique, de « petites phrases » et d'injonctions à répondre à l'emballement du moment.

Car la lecture est une respiration. Elle est tout à la fois une sortie du monde, et une façon d'y entrer plus fort. Elle est à la fois un ralentissement et une accumulation.

Une vie peut évidemment suffire pour avoir une idée de ce qu'est la comédie humaine, mais pour y réfléchir plus, il y a Balzac. Ou Zola, pour éprouver la dureté des rapports sociaux, quand on a eu la chance de naître dans une famille qui n'en souffrait pas trop. Comment évoquer sérieusement le totalitarisme que nos générations n'ont, Dieu merci, pas connu, sans avoir lu George Orwell ou Soljenitsyne ? Ou l'horreur concentrationnaire sans connaître Primo Levi ou Jorge Semprun ? Ou le racisme en ignorant Toni Morrison ou le *Journal* d'Anne Frank ? Comment vraiment « parler de la France » et comprendre qu'elle vient du fond des âges si l'on n'a jamais lu de Gaulle décrivant le paysage qu'il contemplait depuis La Boisserie : « Vastes, frustes et tristes horizons ; bois, prés, cultures et friches mélancoliques ; relief d'anciennes montagnes très usées et résignées ; villages tranquilles et peu fortunés dont rien, depuis des millénaires, n'a changé l'âme, ni la place. » Comment passer à côté de cette phrase lumineuse de simplicité et de beauté de Fernand Braudel sur l'identité française : « Si le blé est la prose de notre long passé, plus récente, la vigne en est la poésie. » Tout tient dans cette phrase : elle est le résumé de notre histoire économique, l'explication de nos paysages et la célébration d'un art de vivre.

Bien sûr, on peut aimer son pays et le servir bien sans avoir jamais lu Braudel et nul n'est besoin d'avoir lu Zola ou Jaurès pour être un militant de la justice sociale, non plus que de Gaulle et les poètes de la Résistance pour être un patriote convaincu. Mais pourquoi se priver de cette profondeur, de cette épaisseur et de cette distance que procure la lecture ? De cette ouverture formidable sur la somme d'expérience accumulée au cours des siècles par tous ceux qui ont écrit ? Lire. Lire encore plus. Pour préserver cette faculté à faire une pause, à respirer, à perdre son temps, à le figer en se consacrant à un récit qui dure.

Les responsables politiques lisent-ils ? Certains oui. Certains énormément. Mais ce n'est sans doute plus la norme. En quarante années nous avons changé de monde. De Gaulle lisait et écrivait. Churchill a obtenu le prix Nobel de littérature. Pompidou était un lettré. Giscard tentait de nous faire croire qu'il aurait préféré être Maupassant. Mitterrand s'échappait de l'Élysée dès qu'il le pouvait pour hanter les librairies avec le favori du moment. Puis vint Chirac, que la littérature ennuyait, qui ne jurait que par l'ethnologie, l'art et la poésie mais qui s'en défendait : Françoise Giroud disait plaisamment de lui qu'il était du genre à cacher un recueil de poésie derrière la couverture de *Play Boy*. Puis Sarkozy, que tout ennuyait, hors la politique ; au moins découvrit-il la littérature sur le tard, faisant savoir avec une fierté enfantine et presque émouvante qu'il avait découvert *Guerre et Paix*. Je crois même l'avoir entendu dire qu'il en avait lu 70 %. Et arriva enfin Hollande, qui lui ne lisait plus rien et ne s'en cachait pas.

Pour un Juppé, un Bayrou, ou un Bruno Le Maire qui sont à la fois hommes de lecture et d'écriture – on me pardonnera de n'en citer que quelques-uns et de me borner aux familles politiques de la droite et du centre –, pour un Darcos qui connaît comme personne son histoire romaine ou un Devedjian qui sait tout de Byzance, combien ne lisent plus ? Combien ne vont jamais chercher dans les livres la distance et la réflexion ? On attend des politiques qu'ils aient une vision du monde. Où la trouver ? Dans la quotidienneté seulement ?

Lire, c'est prendre de la distance, acquérir une vision, se constituer tout au long de la vie.

Et si c'est important pour l'homme public, c'est essentiel pour chacun d'entre nous.

Que serait une vie sans la lecture, sans cette sédimentation imparfaite et aléatoire d'expériences, de connaissances et de sensations qui s'additionnent et s'assemblent de façon unique pour s'y ajouter et pour l'embellir ? Lire, c'est accéder à des expériences inconcevables – et bien souvent non souhaitables ! – et éprouver des sentiments extrêmes mais qui font partie de l'expérience totale de l'humanité. C'est mourir avec Léonidas aux Thermopyles, mentir avec la Marquise de Merteuil, se venger avec le Comte de Monte-Cristo, pleurer avec Cosette, trembler avec Jim Hawkins, mépriser la terre entière avec Bardamu. Mais c'est aussi rire avec Porthos, se redresser avec Jean Valjean, aimer avec Cyrano, déduire avec Sherlock Holmes et briller avec Gatsby le Magnifique. C'est, après avoir découvert la ville de Rome avec son corps, pouvoir accéder, progressivement, partiellement, spirituellement à cette République et cet Empire inégalés. C'est chevaucher avec Roger II de Sicile et participer avec lui à la construction de la première monarchie absolue d'Europe. C'est s'imaginer aux côtés de Blum, de Churchill, de De Gaulle.

Personne n'en sort indemne. Personne ne peut
prétendre que ses lectures n'ont pas influencé sa
vie, dans les petites choses comme dans les grands
instants et au moment des choix essentiels. Le lecteur est dans les livres comme ce promeneur dans
la nature évoquée par Charles Baudelaire :

L'homme y passe à travers des forêts de symboles
Qui l'observent avec des regards familiers.

Et entre les livres et la vie, *les parfums, les cou-*
leurs et les sons se répondent.

La part que prennent les livres lus dans les
choix que l'on fait est souvent un mystère, mais
elle est décisive. Comment comprendre l'importance que je porte à l'amitié en politique, contre
toute logique apparente, sans mesurer l'émerveille-
ment que suscite en moi celle qui unit Auguste et
Marcus Agrippa ? Le jeune élève officier d'artillerie
que j'étais, en 1994, à Draguignan, plongé dans un
monde militaire qui lui était totalement étranger,
s'appuyait pour faire face autant sur ses comparses
de lecture que sur ses camarades de chambrée.
Et de fait, le colonel Chabert (quoique cavalier),
Hélie Denoix de Saint Marc (quoique fantassin)
ou l'auteur du *Souper de Beaucaire* qui avait eu
un jour, si j'en crois les nouvelles impressions de
voyage d'Alexandre Dumas, l'incroyable culot de

déclarer à des Princes et à des Rois, lui l'Empereur, qu'il avait eu « l'honneur d'être un simple lieutenant d'Artillerie » m'accompagnaient secrètement dans les longues marches de nuit où je peinais. Mon amitié avec Blum a sans doute pesé sur mon choix, à la fin de l'ENA, du Conseil d'État. Et si mes fils s'appellent Anatole et Léonard, c'est parce que depuis Anatole France on sait que *Les Dieux ont soif* et que même si c'est Dylan qui a obtenu le prix Nobel de littérature, Cohen est un immense poète.

Dans le fond, pourquoi faire seulement de la lecture un outil ? Pour acquérir une vision, des connaissances, prendre une distance et s'évader du court-terme. Bien sûr. Mais n'est-ce pas avant tout le plaisir, le plaisir pur, total et un peu égoïste de chacun. Le plaisir sans partage tant il est quelquefois difficile de communiquer ses enthousiasmes. Aussi difficile que de prêter un livre auquel on tient.

La lecture, recours contre le quotidien et la pression du court terme. Lieu privilégié, jardin secret.

Xénophon raconte dans l'*Anabase* que Cyrus faisait visiter à ses proches un lieu clos de murs qui contenait un jardin somptueux et dont il était si fier qu'il exigeait que ce jardin soit reproduit partout où il se rendait. Les Grecs en furent éblouis au point qu'ils ne trouvèrent pas de mots dans leur langue pour décrire la beauté de ce jardin ; ils lui gardèrent le nom que les Perses lui donnaient : Paradis.

Ce lieu que Xénophon décrit, reclus et parfait d'harmonie, existe encore. Mais il n'est ni un endroit ni un État. Il n'est pas géographique, il est temporel. Le Paradis est un moment. On peut y pénétrer dans ces instants uniques où ceux qu'on aime sont heureux et nous sourient. On peut aussi sûrement, je crois, y demeurer de longues heures en lisant, allongé sur une plage en Sicile, assis dans un fauteuil profond à côté d'une cheminée ou isolé au milieu d'une foule dans un aéroport lointain. Lire, c'est sortir du monde pour y revenir ensuite. S'en échapper pour le saisir et le vivre d'un autre point de vue, où rien ne manque et où l'on peut être comblé.

Et Dante avait raison. Au commencement était l'Enfer. Mais l'Enfer n'est que le commencement. Et la somme des expériences, des connaissances, des livres lui permet sans doute d'atteindre, pendant quelques moments privilégiés, quelque chose qui relève du Paradis.

Des livres

Histoire de la Rome antique – Lucien Jerphagnon

Riche, clair, érudit, drôle. Douze siècles d'histoire, de conquête audacieuse et obstinée, d'administration étonnante et admirable, de politique féroce, de raffinement et de brutalité.

Les divins Césars – Lucien Jerphagnon

Parce que l'Histoire ne s'arrête pas aux faits mais doit prendre en compte les représentations, Jerphagnon s'intéresse à la façon dont les idées ont façonné l'Empire romain, aux débats idéologiques, spirituels, philosophiques et religieux qui l'ont traversé. À se demander si on a inventé quelque chose depuis…

Des hommes qui lisent

Semmelweis – Louis Ferdinand Céline

Court, beau, Céline avant Céline, l'écrivain affleure derrière le médecin. On ne sait pas très bien si on lit une thèse de médecine ou un essai, une biographie ou un roman. C'est déjà sombre et crépusculaire.

All the King's Men – Robert Penn Warren

Probablement un des plus beaux romans sur la politique. C'est toujours moite, souvent malsain, parfois grand et finalement triste comme le sont toujours les histoires d'amour contrariées. Lu d'une traite, au Maroc, devant un feu de cheminée qui sentait le thé à la menthe et l'acacia.

Winston Churchill – John Keegan

Dans une biogaphie, celui qui écrit est aussi important que celui sur lequel on écrit. Keegan, historien militaire, écrit une courte mais éclairante biographie de Churchill et de son rapport avec les armes, les uniformes, l'armée, la guerre. Roy Jenkins, longtemps membre de la Chambre des communes, en publia une également passionnante (et beaucoup plus étoffée) sur la vie parlementaire de Churchill, que j'ai lue pendant mon voyage de noces, au grand désespoir de ma femme…

Des livres

Guns, Germs and Stell – Jarred Diamond

Pourquoi les maladies des colons ont toujours bien plus tué les colonisés que l'inverse ? À partir de cette question, l'ensemble des savoirs est convoqué pour évoquer toute l'histoire du monde. Comment l'agriculture et l'écriture sont apparues, comment la densité humaine explique l'histoire des peuples... Un livre incroyable d'intelligence. Comme tout ce qu'écrit Diamond en général. On ne peut pas aborder la question du dérèglement climatique et de l'exploitation des ressources naturelles de la même façon après avoir lu *Effondrement*, un autre livre essentiel de Diamond.

A Song in the Morning – Gerald Seymour

Très beau polar sur l'Afrique du Sud au temps de l'Apartheid. Lu sur la recommandation d'une magnifique Sud-Africaine, métisse, dont les parents avaient émigré au Canada pour échapper aux pressions du régime.

Dance With Wolves – Michael Blake

Le premier livre que j'ai lu en anglais. J'avais dix-sept ans, vu et aimé le film *Danse avec les Loups*. Je me suis dit que si je voulais faire des progrès il fallait se

lancer. Lire dans une autre langue est un plaisir savoureux, une autre façon de voyager, une autre façon de
penser et de sentir. Depuis, je lis un livre sur deux en
anglais.

La politique, telle qu'elle meurt de ne pas être
– Alain Juppé et Michel Rocard

Je ne suis pas certain que cette politique-là ait un
avenir et l'idée que cette conversation rationnelle entre
des esprits ouverts puisse s'imposer face aux formules
simplistes, aux colères surjouées et aux incohérences
intellectuelles me semble de moins en moins probable.
Et nous paierons longtemps le prix de cet appauvrisse-
ment.

La Politique des partis sous la IIIe République
– François Goguel

Ordre et Mouvement plutôt que droite et gauche.
Et si au lieu d'en rester aux structures et aux identités
partisanes, qui sont au fond hétérogènes, changeantes
et souvent accessoires, on étudiait le monde politique
à travers le prisme des idées et des positionnements
réels ?

Des livres

Les étapes de la pensée sociologique – Raymond Aron

Le genre de livre que je n'aurais sans doute jamais
lu si on ne m'avait pas imposé de le faire pendant mes
études. Passionnant sur le fond. Et qui m'a permis
de comprendre que je préférais lire Aron que Sartre
(même si j'ai bien aimé Sartre). Le genre d'indice qui
suggère un positionnement à droite ?

Rien ne se passe comme prévu – Laurent Binet

Récit de la campagne présidentielle de François
Hollande en 2012, par l'auteur du superbe *HHhH*. Le
titre est valable pour toutes les campagnes présiden-
tielles. Je pourrais en parler, mais ça mériterait un autre
livre. Peut-être un autre jour ?

L'Écriture ou la vie – Jorge Semprun

Lu d'une traite, en 1996, pendant ma scolarité
à l'ENA, alors que je m'ennuyais à Strasbourg. Fait
immédiatement passer toute envie de se plaindre. De
quoi que ce soit.

Des hommes qui lisent

Boomerang – Michael Lewis

Quand les financiers subissent le choc d'une crise qu'ils n'ont pas vu venir et dont ils ne comprennent pas toujours les causes. C'est cruel, très drôle, comme souvent avec Lewis, même si on ne sait pas toujours s'il faut en rire ou en pleurer, d'une grande clarté et surtout, surtout, il faut lire le chapitre sur les banquiers allemands.

The Devil and the River – R.J. Ellory

J'aime presque tous les livres d'Ellory. Ils sont tous sombres et violents. Tous bien écrits aussi. À l'occasion d'une signature dans la magnifique librairie La Galerne au Havre, j'ai eu la chance de rencontrer une bonne demi-heure en tête à tête celui qui est un de mes auteurs préférés. Je crois qu'il avait du mal à croire que je puisse être à ce point admirateur. Et moi, bêtement, j'étais impressionné comme un petit garçon. Il m'a envoyé quelques semaines plus tard, par courrier, son dernier livre. Dédicacé. Il est à une place de choix dans ma bibliothèque.

No Lesser Plea – Robert K. Tanenbaum

Ancien adjoint au procureur de la ville de New York, Tanenbaum s'est mis à écrire des polars, qui mettent en

scène un couple improbable constitué d'un procureur
(Butch Karp) et d'une détective (Marlene Ciampi, dont
je suis un peu amoureux, même si elle aime trop les gros
chiens). C'est tout sauf de la grande littérature, mais
c'est étonnant, vivant, attachant. J'adore. J'ai lu 24 des
26 opus de leurs aventures. Je ne crois pas que cet auteur
aie jamais été traduit en français : quel dommage !

Le Voyage d'Anna Blum – Paul Auster

Désespéré, crépusculaire. J'ai beaucoup aimé Paul
Auster. Je le lis moins aujourd'hui, mais j'ai eu la chance
il y a peu d'être convié, à Brooklyn, pour dîner avec
lui et Siri Hustvedt, sa femme. Simples, accueillants,
cultivés, intellectuels, amoureux, ils étaient magnifiques
chacun à leur manière et tous les deux en même temps.

When We Were Orphans – Kazuo Ishiguro

Le premier livre que m'a offert celle que j'allais épouser.
Livre magnifique, à tous égards. Nostalgique et élégant.

Mémoires d'outre-tombe – Chateaubriand

Alexandre, un de mes meilleurs amis, bien plus cultivé
que moi, lecteur compulsif et esprit original, a créé son

Hedge Fund à Londres il y a quelques années. Sans doute pour gagner beaucoup d'argent. Peut-être aussi pour faire mentir tous ceux qui affirment que les financiers de ce monde sont des incultes avides de jouissance matérielle. Étudiant, il lisait et recopiait des pages entières des *Mémoires d'outre-tombe*, pour apprendre à écrire disait-il. Perfection du style. Pureté du français. Lorsque je lis les *Mémoires*, j'admire l'écrivain autant que l'ami qui me l'a fait découvrir.

Le Nom de la rose – Umberto Eco

Le deuxième livre que j'ai lu en anglais. Eco réussit le coup parfait. Un roman qui se lit comme un polar et qui est bien plus que cela. Lu à Vancouver juste après mon bac. Vingt ans après j'ai eu ce privilège incroyable de dîner, en petit comité, avec Eco. J'étais sur le point de publier mon premier roman, intimidé face à ce monument, et il avait fait preuve d'une gentillesse, d'une décontraction et d'une bienveillance à mon égard dont je me souviens avec bonheur.

Roger II de Sicile – Pierre Aubé

Un excellent remède pour lutter contre le pessimisme qui pointe lorsqu'on vous raconte des balivernes sur les guerres de civilisation et l'opposition mécanique et fatale entre les religions. Le siècle normand en Sicile, le XIIe, est une histoire grande et belle, étonnante et inspirante. Elle se termine, d'une certaine façon, par le règne d'un des plus grands princes de l'Histoire, Frédéric II de Hohenstaufen, celui qu'on surnommera « Stupor Mundi » et dont la biographie par Ernst Kantorowicz est une merveille. Rien de ce qu'on croit savoir sur le Moyen-Âge ne colle avec cette histoire-là...

La Légende des siècles – Victor Hugo

J'avais appris à l'école primaire, par cœur, le mariage de Roland. Enfin... les vingt premiers vers ! Je les récitais à ma mère, qui adorait cela. Je les déclame encore lorsqu'on me demande de tester le son d'un micro. En règle générale, le preneur de son est beaucoup moins sensible au charme de l'exercice que ma mère...

Mythologie grecque et romaine – Pierre Commelin

Mon père, qui me savait passionné par la mythologie, me l'a offert quand j'avais onze ans, en m'indiquant que c'était sans doute un peu compliqué pour moi, mais que c'était excellent. Je l'ai offert à celui de mes fils qui est passionné par la mythologie quand il a eu onze ans. Et c'est vraiment excellent.

Des hommes qui lisent

Jérusalem – Justine Augier

Offert par son père, Philippe Augier, le maire de Deauville, à l'occasion d'un dîner. Philippe offre toujours un livre à ceux qui dînent chez lui. C'est une attention incroyablement touchante, et lorsqu'elle se conjugue à la fierté d'un père, on chatouille le divin. Portrait d'une ville trois fois sainte, justement, à travers les récits de ceux qui y vivent. Loin des préjugés et des a priori, par quelqu'un qui y a vécu cinq ans.

The Revolutionnist – Robert Littell

Robert Littell, le père du Jonathan Littell des *Bienveillantes*, est un grand écrivain, un de ces spécialistes du roman d'espionnage qui mérite, au même titre qu'un John Le Carré, la reconnaissance de ceux qui aiment la littérature avec un grand L. Dans *The Revolutionnist*, il raconte trente-cinq ans de révolution russe, depuis la ferveur de 1917 jusqu'à la fin (et quelle fin !) de Staline. Tout est finement lié : les délires paranoïaques du Régime, la Terreur rouge, la grandeur de l'âme russe, les moments minuscules d'intimité dans un système où tout est contrôle, la folie inévitable, le détachement face à la mort. Un roman d'espoirs trahis et de désillusions sanglantes qui en dit aussi long qu'un manuel sur la Russie stalinienne et que le titre de la traduction française a bien résumé : *Requiem pour une révolution*.

Des livres

A Journey – Tony Blair

Lu en Sicile. L'histoire d'un homme incroyablement doué qui commence à gauche et qui finit à droite, qui se trompe terriblement sur l'Irak et qui mélange (curieusement pour un Anglais) la morale et la politique étrangère.

Long walk to freedom – Nelson Mandela

Lu en Afrique du Sud. J'ai depuis mon adolescence une véritable fascination pour Mandela, pour sa résolution sans faille et son élégance unique, pour sa capacité à faire la paix, à rassembler des communautés qui se font peur et à reconstruire un pays. Être un homme d'État, c'est se placer à ce niveau. Quand on vise en dessous, on est plus petit. Et inversement.

Mitterrand – Philipp Short

La vie de François Mitterrand est un roman. Un roman documenté, sombre parfois, balzacien aussi, dessinant les méandres tortueux d'un destin fascinant. La charge émotionnelle restant forte lorsqu'on parle d'un homme adulé par la gauche, détesté par la droite, puis critiqué par tout le monde, puis, bientôt, mais pas encore complètement, idéalisé par beaucoup, il est assez précieux de lire ce parcours tout en ambiguïtés sous la plume détachée d'un Anglais, très fin connaisseur de la France et curieusement habitué aux biographies de dictateurs : Mitterrand après Pol Pot et Mao ! Lu dans les Pouilles, au soleil, près de Brindisi, le port d'où partaient les croisés.

Sicily – John Julius Norwich

L'idée centrale de ce livre d'histoire est que la Sicile serait triste. Triste d'avoir été l'objet de toutes les convoitises, de toutes les conquêtes et de toutes les possessions depuis l'Antiquité, de n'avoir jamais été indépendante, sauf au temps des rois normands. C'est un peu aussi ce que pensait Giuseppe Tomasi di Lampedusa, l'auteur du *Guépard*. La thèse est séduisante, l'histoire cruelle, et la Sicile fascinante. Il m'arrive de songer à tout abandonner pour y vivre. À chacun sa tentation de Venise.

Freakonomics – Steven Levitt et Stephen Dubner

Pourquoi les dealers de drogue vivent le plus souvent chez leur mère ? Quel lien entre l'évolution de la criminalité à New York ou en Roumanie et la législation sur l'avortement ? Les auteurs analysent les décisions individuelles et les phénomènes de société avec

les outils de la science économique. Le genre de livre
qui vous fait reconsidérer la question de la rationalité
des citoyens et envisager sous un jour nouveau celle
de la pertinence des politiques publiques. C'est toujours passionnant, parfois dérangeant et souvent très
drôle.

Five Days in London – Lukacs

C'est Frédéric, un autre de mes amis les plus chers,
lui aussi infiniment plus cultivé que moi, dont le talent
et la classe illuminent tous ceux qui ont la chance de
le connaître, qui m'a conseillé ce livre et cet auteur.
Cinq jours où le sort de la guerre se joue, lorsque le
gouvernement britannique prend la décision de se
battre contre Hitler plutôt que de négocier avec lui. Et
le talent de Lukacs est de montrer que cette décision,
portée par Churchill, contestée par Halifax, n'avait rien
d'évidente, ni rien d'automatique. Vivant. Précis. Surprenant. Lukacs ou l'Histoire avec un grand H.

The Prize – Daniel Yergin

L'histoire du Pétrole. Passionnant. Offert par
Arnaud, un ami banquier qui m'avait également offert
un « 1812 », sur la campagne de Russie de Napoléon,
dont je me suis inspiré pour une réplique dans mon

deuxième roman, façon de remercier Arnaud de ses choix toujours excellents.

The Emperor of Ocean Park – Stephen L. Carter

Une autre recommandation de Frédéric. Stephen L Carter est un professeur de droit qui enseigne à Yale. Il s'est fait une spécialité d'écrire des romans mettant en scène la bourgeoisie noire américaine. *The Emperor of Ocean Park* fait entrer dans le monde universitaire américain et dans celui des processus de désignation des juges américains. *The Impecheament of Abraham Lincoln* est au moins aussi jouissif : comment un Lincoln qui aurait survécu à l'attentat dont il est victime se trouve mis en cause par le Congrès américain qui essaie, ce faisant, de transformer le modèle américain en démocratie parlementaire. Le tout, évidemment, sur fond de conspiration.

La Pierre et le Sabre – Eiji Yoshikawa

Si Alexandre Dumas était japonais, *La Pierre et le Sabre* serait *Les Trois Mousquetaires*. Épique, touchant, captivant, éternel. Lu avec passion en classe de première.

Des livres

The Mask of Command – John Keegan

Keegan est probablement le plus grand historien militaire. Le genre, très prisé en Angleterre et aux États-Unis, et souvent dénigré en France, est pourtant un champ légitime et passionnant de l'étude historique. Keegan décrit les batailles, les conflits et aussi, c'est l'objet de ce livre en particulier, les façons de commander, les ressorts de l'autorité, les techniques et les contraintes de chaque époque.

The Box – Marc Levinson

L'invention du container a révolutionné la logistique, le commerce mondial et, d'une certaine façon, la face du monde. Cette boîte en métal, qui peut presque tout contenir, résister aux aléas du transport international, être produite sans grande difficulté un peu partout, être interchangeable partout dans le monde est devenue l'instrument de la mondialisation. L'innovation logistique au service des armées américaines est désormais universelle. Tout ce qui t'entoure, lecteur, est passé dans un container à un moment ou à un autre...

Des hommes qui lisent

L'identité de la France – Fernand Braudel

Offert par mon grand-père, en 1987 je crois. J'ai mis du temps à le lire. Parce que j'étais intimidé. Et après tout, il faut être intimidé par certains livres, surtout quand ils sont des concentrés d'intelligence. Mon grand-père aussi était intimidé par Braudel. Notamment parce qu'il savait que Braudel avait continué à travailler sa thèse pendant sa détention en Allemagne. De mémoire notamment, et grâce à des échanges réguliers de courriers avec des professeurs d'histoire qui avaient échappé à la conscription ou à la détention. Il y a toute la France dans ce Braudel : sa diversité et sa continuité ; ses ombres et ses lumières. Elle devient une personne dont on peut tomber amoureux.

Ça va mal finir – François Léotard

C'est un tout petit livre, publié en 2008, qui décrit avec une grande intelligence, un style ravageur et désabusé, pourquoi Nicolas Sarkozy va échouer. J'avais lu, du même, ancien ministre de la Défense, *La Vie rêvée des méduses*. Je ne connais pas François Léotard, je ne l'ai jamais rencontré et je n'en ai que des souvenirs d'adolescent à la télé. Mais je suis absolument certain que le personnage est bien plus intéressant et riche et complexe que l'image qu'il a laissée dans la politique française. Et arrêter la politique pour écrire des livres…

Des livres

Le dernier mois – Léon Blum

Le journal du dernier mois de détention de Blum, lorsqu'il est évacué par les Allemands de son camp en Allemagne pour être transféré on ne sait pas très bien où, et dans des conditions rendues dantesque par la déroute des armées nazies. J'aime Blum, sa plume, son élégance, le fait qu'il ait été un grand juriste, puis un homme politique engagé, qu'il ait écrit un livre magnifique d'audace (à l'époque) sur le mariage, qu'il ait aimé écrire les chroniques sur le tour de France dans *Le Populaire*. Lire aussi l'excellent *Souvenirs sur l'Affaire*.

La Cause du Peuple – Patrick Buisson

Je n'aime ni l'homme, sujet d'un redoutable portrait par Vanessa Schneider et Ariane Chemin (*Le mauvais génie*), ni ses méthodes, qui confinent à l'abject lorsqu'il enregistre à leur insu son patron et ses collègues du cabinet du Président. L'idée d'acheter son livre m'était insupportable. On me l'a offert… Et je l'ai lu… Et je dois reconnaître que c'est intéressant… Parce que Buisson a une idée de ce qu'est le pouvoir et son incarnation. On peut ne pas la partager, mais elle existe, ce qui est déjà quelque chose, et elle est cohérente, ce qui est encore mieux. Du coup, c'est très méchant. Terriblement méchant sur la présidence Sarkozy. Que Buisson passe son temps à critiquer, sans jamais avoir

abandonné une once de pouvoir ou d'argent susceptible d'être amassée.

L'étrange défaite – Marc Bloch

J'éprouve depuis longtemps pour Marc Bloch une
tendresse qui n'a rien d'étrange. Voilà un intellectuel, professeur d'histoire, issu d'une famille d'intellectuels. Il est patriote, tranquillement et fermement.
Il se bat pendant la Première Guerre mondiale et on
trouve, dans ses œuvres complètes, des lettres qu'il
adressait aux parents des soldats morts au front sous
ses ordres qui vous feront venir les larmes aux yeux.
Après la guerre, il révolutionne l'histoire en créant,
avec d'autres, l'école des Annales. Et lorsque survient
la Seconde Guerre mondiale, il est trop âgé pour être
mobilisé mais exige quand même de l'être. Il sera actif
dans la résistance. Arrêté, torturé, fusillé. Dès 1940, il
écrit un texte assez court, lumineux, étonnant d'apaisement, de modestie et de lucidité, pour expliquer les
causes de cette étrange et terrible défaite que subit la
France. J'ai plaidé, lorsque j'étais élève à l'ENA, pour
que ma promotion porte le nom de Marc Bloch. Et
c'est sans hésitation ce dont je suis le plus fier au cours
de ces deux années-là.

Des livres

Les chemins de la peste – Frédérique Audoin-Rouzeau

Pour tester la limite entre science et littérature, déjà approchée dans le *Semmelweis* de Céline, on peut aussi se plonger dans l'histoire effrayante des rapports entre les hommes, les rats et les puces avec celle qui, dans son autre vie, écrit sous le nom de Fred Vargas. C'est l'histoire de la peste, ou plutôt l'histoire de la recherche sur ce qu'est la peste, comment elle naît et surtout comment elle se propage, et comment l'esprit humain, avec ses instruments relatifs et imparfaits, va, après beaucoup d'hésitations et de fausses pistes, comprendre ce dont il s'agit.

Les croisades – Zoe Oldenbourg

Tout le monde sait qu'il y a eu des croisades. Tout le monde voit à peu près ce dont il s'agit. Et il faut bien reconnaître qu'en général, on en reste là. On a tort. Les deux siècles d'histoire des croisades sont fascinants sur la capacité à mobiliser les masses, à projeter des armées très loin, avec ou sans préparation, à massacrer ses ennemis comme ses alliés, à faire émerger des personnalités magnétiques comme Frédéric II Hohenstaufen ou Saladin. On a du mal à tout comprendre, notamment parce qu'au centre d'à peu près tout il y a Byzance et que Byzance, reconnaissons-le, reste à peu près incompréhensible pour nos esprits occidentaux contemporains.

Des hommes qui lisent

Chroniques de la haine ordinaire – Pierre Desproges

Desproges. Découvert grâce à quelques grands du collège qui me faisaient écouter le « *Tribunal des flagrants délires* ». Puis étudié dans le détail, appris par cœur, pour le citer ou essayer de l'imiter. La jubilation du style, du mot, de la formule assassine, qui démontre que non seulement on peut rire de tout, mais qu'il le faut d'ailleurs. On y retrouvera avec extase Ophélie Labourette, le crapaud Boudin, mètre étalon du physique ingrat, qui fait se tutoyer la laideur et le sublime.

Des livres encore à lire

Madame Bovary – Flaubert

Impardonnable, je sais. Comment est-ce possible ?
C'est une histoire de famille. Mon père en a parlé à ma
sœur pendant des années pour l'inciter à le lire. Elle,
qui est la vraie littéraire de la famille, ne l'a jamais fait.
Peut-être que depuis elle s'y est mise. Mais je n'en suis
pas sûr. Le blocage entre ma sœur et mon père sur
Madame Bovary était emblématique. Du coup, je l'ai pas
lu non plus... j'ai découvert Flaubert sur le tard. Après la
mort de mon père. Avec jubilation s'agissant de *Bouvard
et Pécuchet*, fascination s'agissant de *Salammbô* et délectation s'agissant du *Dictionnaire des idées reçues*. Mais
Madame Bovary, non. Pas encore. Pas avant longtemps...

Proust – Tout Proust

Quand on est cultivé, on relit Proust. Moi, je ne
peux pas le relire, je ne l'ai pas lu. Je n'ai rien lu de

Proust. C'est absolument inconvenant, j'en conviens bien volontiers. Quand je dis rien, c'est inexact. J'ai lu trois pages de *Du côté de chez Swann* parce qu'en hypokhâgne, mon professeur de Français avait indiqué qu'il faudrait l'avoir lu pour traiter du prochain devoir sur table. Trois pages. Et, alors que j'étais un étudiant assez moyen en français, je ressors de l'exercice avec la meilleure note de la classe. Depuis, évidemment, je ressens une forme de jubilation curieuse et coupable à ne pas lire Proust...

Les Confessions – Saint Augustin

Le genre d'écrit dont on sait qu'il est un « grand texte », qu'il a eu une influence fondamentale sur l'histoire des idées et qu'on reconnaît comme une référence. C'est comme *Les Provinciales* ou *Critique de la raison pure* : on connaît leur existence et on sait à peu près ce que Pascal et Kant ont voulu y dire. Il n'y a pas de quoi être fier de ces lacunes culturelles mais pas de quoi, non plus, quand on ne prétend pas jouer au philosophe, en être excessivement honteux.

La Princesse de Clèves – Madame de La Fayette

Ou comment il m'arrive d'avoir des points d'accord avec Nicolas Sarkozy... On se souvient qu'il s'était un peu étonné qu'un extrait de ce livre figurât (l'imparfait du subjonctif s'impose pour évoquer cette affaire) au programme d'un concours administratif. Que n'avait-il dit là ! Pendant quelques mois *La Princesse de Clèves* est pratiquement devenu, pour une partie de la gauche, un emblème de protestation et un étendard de la révolte. Des badges « Je lis La Princesse de Clèves » ont même été édités. Je me demande combien de ceux qui l'arboraient avaient réellement lu ce chef-d'œuvre de la « littérature précieuse » du XVIIe siècle... En tout cas j'aurais menti, moi, si je l'avais porté. Là où Nicolas Sarkozy avait tort, c'est de donner le sentiment que l'étude de la littérature, y compris classique, était inutile par nature à des futurs fonctionnaires. Un président de la République, en France, respecte la littérature. On ne lui demande pas forcément d'aimer, mais au moins de la respecter.

Patrick Modiano

Ou comment mon ignorance a au moins le mérite de classer Modiano dans la même catégorie que Proust. J'ai envie de trouver quelques circonstances atténuantes à Fleur Pellerin. En 2014 elle avait avoué être incapable de citer un seul titre d'ouvrage de Modiano, qui venait de décrocher le prix Nobel de littérature. Je ne sais pas qui était son directeur de cabinet, mais il méritait une soufflante, parce que laisser sa ministre de la Culture de patronne aller sur un plateau après l'annonce du prix Nobel de littérature à un Français sans s'assurer qu'elle avait quelque chose à dire sur ledit prix Nobel relève vraiment de la faute professionnelle. Au moins avait-elle été honnête dans sa réponse. Elle m'avait en revanche beaucoup inquiété en reconnaissant ne plus avoir le temps de lire depuis qu'elle était ministre. Il faut toujours trouver le temps de lire. C'est une des choses qui me bluffait le plus avec Juppé. Quel que soit le rythme ou la pression, je l'ai toujours vu trouver le temps de lire. Je me souviens des coups de fil du lundi matin où, avant de me donner ma dose de boulot pour la semaine, il évoquait telle ou telle lecture du week-end... Juppé, j'en suis convaincu, a lu Modiano. Et Proust.

Il Gattopardo – Giuseppe Tomasi di Lampedusa

Au moment où j'écris ce livre, je dévore *L'Histoire des Beati Paoli,* de Luigi Natoli, une fresque historique passionnante, mélange d'Alexandre Dumas et d'Eugène Sue, sur la Sicile du XVIIIᵉ siècle et les origines de la Mafia. C'est peu de dire que j'aime la Sicile. J'aime son histoire, sa géographie, sa lumière, ses églises normandes et espagnoles. Et pourtant je n'ai jamais lu *Le Guépard,* roman archicélèbre, dont tout le monde me dit qu'il est un chef-d'œuvre désabusé sur la société, le pouvoir et la Sicile. Mais justement. J'attends un peu encore. Je sais que ça va être bon. J'aimerais le lire en italien, mais pour cela il faut que j'apprenne l'italien. Mais j'y travaille. Ne pas encore avoir lu un livre dont on est quasiment certain qu'on va l'aimer est aussi un plaisir rare.

James Bond – Ian Fleming

Il est incompréhensible que je n'ai jamais lu Fleming. J'aime lire en anglais, j'adore les romans d'espionnage, j'aime le personnage de James Bond, bien plus lorsqu'il est incarné par Sean Connery et de Daniel Craig que par Roger Moore ou Pierce Brosnan. On m'a dit que Fleming écrivait très bien, et qu'en plus il savait de quoi il parlait ayant lui-même servi, pendant la guerre, au sein des services de renseignement de la Marine. Et pourtant, toujours pas lu... Modiano vient de se trouver un point commun inattendu avec James Bond.

The Pigeon Tunnel : A Life of Writing (John Le Carré)

Un des derniers John Le Carré, comme on dit. Paru en France à l'automne 2016, en pleine campagne de la primaire de la droite ; et donc acheté et rangé soigneusement, pour le lire plus tard, quand j'aurai plus de temps. Il est toujours rangé. Sachant que c'est un livre de souvenirs, et pas un roman, je suis sans doute moins pressé : Le Carré est pour moi le maître du roman d'espionnage (seul Robert Littell peut rivaliser avec lui) et rien ne pourra de toute façon égaler la « trilogie de Karla », c'est-à-dire *La Taupe, Comme un collégien* et surtout *Les Gens de Smiley.*

La poésie contemporaine

En matière de poésie, comme dans beaucoup d'autres domaines sans doute, je suis d'un indécrottable classicisme : j'aime Baudelaire, Hugo et Lamartine. Je « décroche » à partir de Mallarmé. Je me souviens avoir appris à l'école que Mallarmé était un poète « symboliste », voire que sa poésie se rattachait à l' « hermétisme ». C'est le mot. Je ne comprends plus. Toujours est-il que je n'entends pas grand-chose à la production du XXᵉ siècle d'où émergent seulement pour moi Apollinaire, Aragon et Éluard. Et encore, pour ces deux derniers, ne s'agit-il que de leurs poèmes de la Résistance. Je n'ai jamais rien lu de Seghers ni de Desnos, le surréalisme ne me touche pas et je suis insensible à Prévert et à Boris Vian. De Saint-John Perse, je sais simplement qu'il était secrétaire général du Quai d'Orsay au moment des accords de Munich et antigaulliste pendant la guerre, et de René Char, qu'il est devenu une source inépuisable de citations pour orner les discours politiques. Je sais, il n'y a pas de quoi être fier.

Des livres encore à lire

Mon lien avec quelque chose relevant de la poésie est plutôt à chercher du côté de trois des piliers de mes « playlists » : Leonard Cohen, Bob Dylan et Bruce Springsteen. J'aime ces trois-là, leurs textes, les histoires qu'ils racontent, la poésie évidente qui s'en dégage. Lorsque Dylan a obtenu le prix Nobel de littérature, une bonne petite polémique intellectuelle comme on les aime tant en France a brièvement prospéré : comment pouvait-on accepter qu'un chanteur obtienne ce prix alors que tant d'écrivains glorieux sont encore à récompenser. Et puis il y a un parfum de variétés, d'art mineur, qui flotte sur la chanson, là où la littérature et la poésie sont eux des arts majeurs. Je me souviens de l'humiliation infligée par Gainsbourg à Guy Béart un soir à « Apostrophes » lorsque le second avait affirmé, devant le premier, que la chanson était un art majeur. Brillant et cruel. Il n'en reste pas moins que je me suis réjoui, parce que Dylan est un poète, évidemment un poète, que j'aime lire ses textes, autant que les écouter, et que le fait qu'il chante ne devrait inquiéter personne sur son lien avec la littérature. Homère aussi chantait.

Franz Kafka

Quand il s'agit de disqualifier une politique, ou une mesure, libérale, on la qualifie d' « ultra-libérale ». Cela permet de tuer immédiatement le débat et de rejeter d'emblée l'adversaire dans un enfer assez effrayant peuplé d'horribles individus qui ne rêvent que d'une chose : que les citoyens soient laissés à eux-mêmes et qu'ils ne soient plus soignés, protégés, transportés, soutenus. Bref, administrés. Pourtant, si la littérature nous enseigne quelque chose, c'est plutôt l'inverse : celle de l'extension continuelle, intrusive et presque sans limites du champ d'intervention de l'État et du pouvoir des administrations. Trois mots se dégagent pour désigner le phénomène, chacun issu d'un auteur et d'une œuvre : *courtelinesque, ubuesque, kafkaïen.* Les trois s'appliquent aux relations entre le citoyen et l'administration, le premier dans un sens tragi-comique, le deuxième avec une connotation de grotesque et de démesuré, le dernier avec une sensation d'absurdité cauchemardesque et oppressante. Par ailleurs, je n'ai jamais lu Kafka.

Et encore bien d'autres : Thomas Mann, Hemingway, Toni Morrison, Kundera, Joyce, Gabriel Garcia Márquez… Et d'autres encore que je ne connais pas… qui bordent le long chemin de lecture sur lequel je suis engagé depuis que petit, alors que j'allais avoir six ans, mon père me fit lire cette page incompréhensible de Dante…

Ce livre doit beaucoup à mon père. Lorsqu'il est mort, en 2014, il ne savait pas que je l'écrivais…

J'ai commencé *Des hommes qui lisent* en 2011. Je pensais écrire un essai sur une politique publique de la lecture. J'imaginais le terminer rapidement et le publier aussitôt. Et rien ne s'est passé comme prévu. Parce que réfléchir à la lecture, c'est penser à des livres, c'est comprendre progressivement pourquoi ils comptent, les bases qu'ils ont posées et les liens qu'ils ont tissés, la part qu'ils ont prise, sombre ou lumineuse.

Progressivement, à force d'écriture mais aussi de discussions, ce livre s'est transformé en un récit. Il est devenu une partie de ce que je suis, comme un juste retour des choses tant ce que nous sommes est, en partie, le fait des livres.

Lorsque j'ai achevé la rédaction du manuscrit, en janvier dernier, et que mon éditrice m'a indiqué qu'il serait publié au cours de l'été, je n'imaginais pas une seconde que la vie politique offrirait l'occasion à un Premier ministre de dédier un livre sur les livres à son père, le premier des Philippe à avoir obtenu son bac.

Peut-être, si l'au-delà lui a été favorable est-il en train de lire. Peut-être sourit-il. De son sourire si doux, mélange de la fierté qu'il éprouvait pour les siens et de l'ironie avec laquelle il regardait le monde. Un sourire qui encourageait les progrès mais disait aussi les imperfections. Un sourire qui me manque, alors même qu'il ne me quitte pas.

Et si, peut-être, mon père sourit, c'est grâce aux encouragements puissants et aux conseils avisés de Michel Sironneau et d'Anne-Sophie Stefanini qui m'ont poussé à écrire, et grâce aux remarques judicieuses d'excellents amis que je ne cite pas mais que je remercie sincèrement. Ils savent combien ils comptent pour moi.

CET OUVRAGE A ÉTÉ COMPOSÉ PAR PCA
POUR LE COMPTE DES ÉDITIONS J.-C. LATTÈS
17, RUE JACOB, 75006 PARIS
ET ACHEVÉ D'IMPRIMER SUR ROTO-PAGE
PAR L'IMPRIMERIE FLOCH À MAYENNE
EN AOÛT 2017

JC Lattès s'engage pour
l'environnement en réduisant
l'empreinte carbone de ses livres.
Celle de cet exemplaire est de :
900 g éq. CO_2
Rendez-vous sur
www.jclattes-durable.fr

PAPIER À BASE DE
FIBRES CERTIFIÉES

N° d'édition : 03 – N° d'impression : 91471
Dépôt légal : août 2017
Imprimé en France